ALBERT LOPEZ

La Vie Etrange

D'HUMILIS

(GERMAIN NOUVEAU)

CH. BEYAERT -- BRUGES

DÉPOT A PARIS: A. GIRAUDON

La Vie Etrange d'HUMILIS

DU MÊME AUTEUR :

La Lumière d'Israël. Histoire d'une âme juive.
Ouvrage couronné par l'Académie Française

Le Charme du Taraèn. Roman.

Le Jardin de l'Ame. — Les Noces Hébraïques.

La Parure de la Cité. (Sous presse).

OUVRAGES EN PREPARATION

Cendrillon la Dévote. Roman.

Lapides Clamabunt. Roman.

Contes Juifs et Chrétiens.

La Belle Maguelonne. Pièce en 5 actes en vers.

TABLE DES MATIÈRES.

ALBERT LOPEZ

La Vie Etrange d'HUMILIS

(Germain Nouveau)

Editions Ch. BEYAERT, 6, Rue Notre Dame, BRUGES
Dépôt à Paris: A. GIRAUDON, 56, Rue Notre Dame des Champs. VI.

BIBLIOGRAPHIE

Les notes et références ont été supprimées autant que possible dans le cours de cet ouvrage afin de ne pas surcharger le texte.

Germain NOUVEAU — *Poésies d'Humilis et Vers inédits*. Paris, Messein, 1924. *Valentines et autres vers*. Paris. Messein. 1922.

Ernest DELAHAYE — *Rimbaud*. Paris Messein 1923. *Verlaine*. Ouvrage couronné par l'Académie Française. Paris. Messein. 1923. *Germain Nouveau*, préfaces aux « Valentines » et aux « Poésies d'Humilis ».

Jean RICHEPIN — Revue de France. Janvier 1926: *Germain Nouveau et Rimbaud*.

Henri BREMOND de l'Académie Française. *La Provence mystique*. Paris, 1908. Plon Nourrit.

Albert de BERSAUCOURT — *Au temps des Parnassiens, Nina de Villars et ses amis*. Renaissance du Livre. Paris.

Jean Marie CARRE — *La vie aventureuse de Jean Arthur Rimbaud*. Paris. Plon.

Edmond LEPELLETIER — *Paul Verlaine*. Paris. Mercure de France.

Catulle MENDES — *La Maison de la Vieille.* Paris. Charpentier. *La légende du Parnasse Contemporain* Auguste Blancard Edit.

VILLIERS DE L'ISLE ADAM — *Chez les Passants.* Comptoir d'éditions.

Maurice BOUCHOR — *Chansons joyeuses.* Paris. Charpentier. 1874.

Gustave KAHN — *Symbolistes et Décadents.* Paris. Léon Vanier. 1902.

Paul VERLAINE — *Poésies complètes.* Paris. Vanier.

Théophile GAUTIER — *Notice sur Charles Baudelaire.*

François PORCHE. — *La Vie douloureuse de Charles Baudelaire.* Plon. Paris.

Stanislas FUMET — Article de la « Vie Catholique » sur *Germain Nouveau.*

Léon AUBINEAU — *La Vie admirable du Bienheureux mendiant et pélerin Benoit Joseph Labre.* Paris. Palmé. 1875.

Alfred POIZAT — *Le Symbolisme* — Renaissance du livre.

Lucien DESCAVES — *Philémon, vieux de la vieille,* Ollendorf.

Albert Lopez — « Revue Générale de Belgique. » Réponse à Maurice Dullaert. Août 1927.

Firmin Maillard — *Les Derniers Bohèmes*. Librairie Sartorius.

Léo Larguier — *Avant le déluge*. Article de la Revue « Les Nouvelles Littéraires » 17 décembre 1927.

Jean Faubreton — Revue *Le feu* — *Etude sur Germain Nouveau*. Janvier 1914.

Léon Verane. — « *Les Nouvelles Littéraires* » *Sur la tombe de Germain Nouveau*. 19 Novembre 1927.

Chaffiol Debillemont — « Le Monde Nouveau » *Germain Nouveau*, 5 Juillet 1922.

Raoul Narsy — « Le Courrier de Genève ». 24 Novembre 1924.

José Vincent — « La Croix » 1ʳ Décembre 1924.

Marcel Provence — Etude parue dans la Revue « Les Lettres ». Avril 1924.

Ernest Prevost — « La Victoire » 15 Septembre 1924.

Georges Le Cardonnel — « Le Journal » 13 Octobre 1924.

Maurice Dullaert — « Revue Générale de Belgique » : *Germain Nouveau*. 15 Août 1926.

Ernest REYNAUD — La mêlée symboliste. Renaissance du livre.

Maurice BRILLANT — Les mystères d'Eleusis. Renaissance du Livre.

LETTRES de Germain Nouveau à sa sœur Laurence,
à son oncle Alexandre Silvy; à son cousin
Léopold Silvy, à sa cousine Marie Trabaud.

LETTRES de Madame Delannoy à Laurence Nouveau-Manuel.

NOTES recueillies en cahier par Germain Nouveau.

FEUILLETS détachés trouvés à l'hôpital de Pourrières.

LETTRES de Léon Dierx et de Léonce de Larmandie.

J'adresse un remercîment ému à Marcel Provence
qui, avec une générosité assez rare de nos jours, m'a
donné de nombreux détails sur Germain Nouveau,
à mon ami Paul Rival, de Vidauban et à sa famille
sans lesquels je n'aurais pu suivre Humilis à la trace,
et à tous ceux qui m'aidèrent dans ma tâche difficile.

Est-il besoin d'ajouter que si j'emploie dans cet
ouvrage le nom de *Saint* pour désigner des personnes
dont le culte n'est pas encore reconnu par l'Eglise
Catholique, c'est d'une façon toute humaine ? Je
déclare me conformer absolument sur cette matière
au décret du Pape Urbain VIII.

A. L.

Préambule

En 1913, un article de journal me révéla le nom
et l'œuvre d'un homme étrange qui, sous le porche
de la Cathédrale St. Sauveur à Aix, tendait la main
et composait entre temps, des vers inspirés. Ce
poète, ami de Verlaine, s'appelait Germain Nouveau; je l'imaginai voyageur intrépide, ne se nom-
mant plus qu'Humilis, allant à pied aux grands pélerinages d'Europe, guêtré de cuir, chaussé de lourds
souliers, bâton en main, besace au dos, et menant
une vie extraordinaire, féconde en incidents savoureux.

Dix ans plus tard, au cours d'un voyage à Aix,
je me souvins du poète-mendiant. Il était mort en
1920, dans son pays natal, à Pourrières, petit village
du Var, peu éloigné de l'ancienne capitale de la
Provence. Et ce que j'appris de cette existence
sacrifiée, méconnue ou peu connue, m'engagea à

recueillir le plus de documents possibles, à mener mon enquête avec impartialité, même avec ferveur, pour écrire non pas la vie de Germain Nouveau, mais bien celle d'Humilis.

Au surplus, je me trompais : tout ce que mon esprit m'avait suggéré de prime-abord, s'éloignait beaucoup des faits eux-mêmes qui dépassaient mes suppositions les plus hardies. Des recherches longues et difficiles s'imposaient; mes amis me dissuadaient de les entreprendre. Leurs encouragements se résumaient à peu près ainsi, en 1923 : « Vous ne réussirez pas. Vous ne pourrez suivre, au jour le jour, le si fantasque poète Germain Nouveau; et si, chose improbable, vous réunissez des documents suffisants, il vous faudrait presque *penser* et *parler* comme lui, deviner ses aspirations secrètes, examiner, comprendre ses moindres gestes, vous assimiler son œuvre et surtout ne pas embellir son âme. Croyez que vous n'écrirez pas deux chapitres et que vous abandonnerez la tâche avant de commencer...»

A ce moment parurent chez Messein « Les Poésies d'Humilis » ainsi que « Valentines et autres vers ». Ces deux œuvres si différentes de Nouveau me donnèrent à penser qu'un drame existait dans la vie du Poète; les préfaces d'Ernest Delahaye — son ami dévoué — apportaient quelque lumière sur des années de jeunesse assez troublantes. A ces pittoresques aperçus je pouvais ajouter déjà de nombreux détails; je redoublai d'efforts. Quelques écrivains, interessés par la vie et la mort de ce grand poète, entreprirent des recherches vite abandonnées, tandis que, pour ma part, de providentielles trouvailles enrichissaient mon trésor documentaire.

Résultat de quatre années de travail, de voyages en tous sens, de méditations — j'allais dire de divinations — afin de discerner la vérité parmi le fatras des racontars hostiles ou favorables, cet ouvrage sincère a pour but de montrer comment Germain Nouveau devint Humilis, et quelle fut désormais sa vie.

I

— LA JEUNESSE —
DE
GERMAIN NOUVEAU

POURRIERES ! Village varois groupé capricieusement autour d'un clocher massif et d'une rue qui monte, descend, remonte et s'élargit, pour aboutir, l'église dépassée, à un promontoire sur la plaine.

Les rocs bleus qui se dressent à l'horizon, éternisent le souvenir du triomphe que Caïus Marius remporta sur les Barbares, il y a deux mille ans. Depuis cette montagne célèbre reçut le nom de Victorieuse, et plus tard, de Ste Victoire. Quant à l'immense charnier où pourrirent, pêle-mêle, les cadavres des Romains, des Teutons et des Cimbres, il devint le « lieu putride » sur lequel s'édifia, par la suite « le bon pays de Pourrières. »

Dès l'entrée de ce curieux village, une maison haute, grave, solide, élève sa façade percée de deux douzaines de fenêtres aux frontons provençaux.

Dominé par des cyprès, un mur bas la cerne, clôturant un jardin touffu, et, près de sa grille vétuste, s'érige une croix en fer forgé, à demi-ruinée par le temps. Cette manière de château s'appelle encore de nos jours, la maison Silvy.

A la sortie de Pourrières vers Rians, une autre maison étale ses toits rouges sur des murailles plus rudes, plus campagnardes; elle tient à la fois de la gentilhommière et de la ferme. Tout près d'elle, sous un chêne magnifique, une croix de mission pose ses arabesques ajourées : c'est la maison Nouveau.

Singulier rapprochement de ces demeures éloignées d'un quart de lieue; elles ressemblent à des gardiennes vigilantes, protégées par un signe fervent. Grâce à elles, on pourrait deviner les réflexions, les pensées, les désirs d'un enfant impressionnable qui vécut une jeunesse mélancolique à leur ombre.

Ces deux foyers d'honnête bourgeoisie paysanne connurent des joies, des angoisses, des tristesses identiques; leurs préoccupations mêmes devinrent semblables. Et, sans aucun doute, ils se réjouirent de l'évènement qu'enregistra l'Etat Civil de Pourrières en ces termes précis :

« Du deux Août mil huit cent cinquante un à
« quatre heures du soir, acte de naissance de Ger-

« main, Marie, Bernard Nouveau, né à Pourrières,
« le jour d'avant-hier à dix heures du matin, fils de
« Félicien Martin Nouveau, propriétaire, âgé de
« vingt-cinq ans, domicilié à Pourrières, et de Marie
« Augustine Alexandrine Silvy, âgée de dix-huit
« ans ... »

Quelques jours après cette naissance heureuse,
les deux familles se réunirent pour célébrer le bap-
tême du petit Germain auquel on souhaita une vie
exempte de peines et de tribulations.

L'aïeul et parrain, Bernard Nouveau, exultait.
Cette venue au monde d'un rejeton « bâti à chaux
et à sable » lui paraissait de bon augure pour sa
race. Les traditions familiales ne mourraient point
et se perpétueraient longtemps à travers les années.
Apprendre au petit-fils son ascendance, lui donner
la fierté de ses origines, la noblesse et la droiture qui
en résultaient comme un devoir absolu, c'est à quoi
songeait le grand-père — pour qui le connaissait
bien — en promettant au lieu et place de son filleul
de toujours vivre en parfait catholique.

Homme franc, grave, et d'une énergie peu commune, Bernard Nouveau avait voyagé dans sa jeunesse et « vu du pays ». Il rappelait complaisamment qu'il descendait de Bernard de Vèze et des
Seigneurs des Baux. Dès lors, comment ne pas

s'énorgueillir de cette longue théorie de princes courageux, irréductibles, chevaleresques, dont l'origine fabuleuse remonte — dit-on — à l'un des Rois qui, des Indes, vint en Palestine adorer l'Enfant-Dieu ?

Un arrière petit-fils de ce Mage, Balthazar, ancien négus d'Ethiopie, accompagnant l'empereur Théodore à Lyon, fut séduit par la beauté d'un site provençal, près d'Arles. Il y bâtit une demeure inexpugnable, vrai nid d'aigle sur une roche élevée et lui donna le nom de Baltho transformé, par la suite, en celui de Baucio, puis de Baux. Peu à peu, l'esprit de conquête assura aux Seigneurs des Baux une situation privilégiée. Leur omnipotence s'exerçait sur quatre-vingts villages, châteaux ou bourgs. Ces princes portèrent, à travers les âges, les titres de Comte de Provence, Roi d'Arles, de Vienne, prince d'Orange, Comte d'Alessano, duc d'Andria, podestat de Milan, grand sénéchal, capitaine général du Piémont, grand amiral du Royaume de Naples, vicomte de Marseille, empereur de Constantinople.

Leurs armes symbolisaient le caractère et la brillante destinée que ces aventuriers au courage indomptable, à l'extrême turbulence, pensaient devoir à leur origine, on y voyait un homme à cheval tenant un bouclier et s'avançant l'épée haute, tandis qu'en champ de gueules, une comète allongeait ses seize rayons d'argent, souvenir de l'Etoile qui conduisit l'Ancêtre dans la grotte de Bethléem.

Les exemples illustres de ces aïeux ne manquaient pas. De cette lignée, Bernard Nouveau avait le droit d'être fier : entreprises hardies contre les infidèles, armement de vaisseaux qui délivrèrent Mayorque du joug détesté des Maures, tournois magnifiques parmi lesquels un Bertrand des Baux « renversa de sa lance le brave Raymond d'Argoult de Sault et fit boiteux vingt chevaux sans recevoir aucune blessure », alliances royales, amour des belles lettres, guerres victorieuses. Les femmes aussi, dans cette famille de batailleurs, acquirent une réputation de beauté et d'esprit dont le souvenir subsiste encore, grâce aux chants des troubadours.

Toute la noblesse de la race, tout le rappel de ces hauts faits illuminaient, pour ainsi dire, l'existence tranquille de ce négociant villageois. Malgré sa bonté naturelle, Bernard Nouveau intimidait quelque peu, de son air « grand seigneur », les paysans qu'il employait. Il acceptait allègrement, avec coquetterie même, le surnom par lequel on le désignait à juste titre : le Guerrier.

Très différent était son « compère », l'aïeul maternel du petit Germain. D'allures plus douces, spirituel, courtois, Paul Silvy avait le front haut, encadré par des cheveux bouclés dont les franges grises cernaient, sur les joues, des pommettes saillantes; ses yeux bruns, malicieux, charmeurs, son nez bien charpenté, en proue au dessus des lèvres minces, et son menton pointu, soigneusement rasé, dénotaient une extrême bonhomie bourgeoise.

Ainsi que Bernard Nouveau, il achetait de grandes coupes de bois, et tous deux gageaient pour les exploiter la majeure partie des habitants de Pourrières. Paul Silvy possédait une ardeur au travail et une volonté peu communes. Il s'occupait activement de ses bûcherons, les visitait à cheval à toute heure du jour et de la nuit, afin de stimuler leur zèle. Véritable patriarche, un premier lit lui avait donné quatre enfants. Il se remaria avec une demoiselle Sidore, veuve elle-même et mère de deux enfants. Une dizaine de rejetons naquirent de cette union parmi lesquels Augustine Silvy, la mère de Germain Nouveau. A chaque naissance, le vaillant homme disait en embrassant sa femme: « Que le bon Dieu nous en accorde autant l'année prochaine ! »

D'une splendide beauté, la compagne de ce patriarche courageux avait deux sœurs également très belles, le pays les surnommait « les bellasses », non par ironie, mais pour louer au contraire leurs admirables visages. Madame Silvy possédait de nombreux

serviteurs, jardiniers, domestiques, lavandières,nour-
rices, femmes qui filaient, et c'était une véritable
cour familiale qui entourait cette petite reine de
village.

Sa fille Augustine, douce, jolie, se maria à seize
ans avec Félicien Nouveau qui en avait vingt-trois.
Après la naissance de Germain, le jeune ménage
résida encore longtemps à Pourrières; mais désireux
de tenter fortune, le fils de Bernard se décida à
gagner Paris pour y créer une fabrique de nougats
qui ne réussit guère. Bientôt revenu au pays natal,
il s'occupa des coupes de bois paternelles beaucoup
plus productives.

Sa femme, en dix années de mariage, eut six enfants dont trois seulement vécurent : Germain, et
deux filles, Marie et Laurence. Incomplètement re-
mise de cette dernière maternité, les froids hivers
parisiens devinrent funestes à Augustine Nouveau.
Dès sa rentrée à Pourrières, elle y mourut âgée de
vingt-six ans.

Resté seul avec la lourde charge de trois enfants,
Félicien se remaria avec une demoiselle Marie
Roure. Il partit pour Aix où il s'associa avec un
fabricant de pâtes alimentaires, Mr. Augier dont
l'usine, située dans le magnifique hôtel d'Eguilles,
rue Espariat, existe encore.

Cette vieille demeure seigneuriale au porche monumental, à la vaste cour d'honneur, ravissait les
enfants Nouveau par ses allures de palais. Du reste,
rien de plus séduisant pour la joie des yeux, que ces
rues aixoises, bordées de maisons anciennes.

En face de l'usine Augier, la rue Espariat, s'in-
curve, dessine un demi-cercle au centre duquel une
fontaine jase tout le long du jour; des maisons du
XVIIme siècle l'encadrent : les grilles de leurs fenêtres avancent et bombent en spirales, sur des faça-
des jaunies où tout l'or du soleil provençal paraît
s'incruster. Il ne manque même pas à ce décor
prestigieux, les petits pavés pointus, cernés d'herbes
et de mousses, dans le calme désuet d'une ville à
demi-morte. Clôturant cette ébauche de place, l'entrée de l'hôtel d'Eguilles a quelque chose de mystérieux et d'inachevé. Cependant, le dimanche et le
jeudi, les enfants de Félicien Nouveau emplissaient
de rires, de cris la cour spacieuse et même la placette
où murmurait la jolie fontaine. Avec quelques ca-
marades du voisinage et surtout avec le neveu de
Mr. Augier, le petit Ducros, des jeux s'organisaient,
nettement favorables à Germain qui, malgré ses dix
ans, montrait déjà une supériorité marquée dans
le choix et la direction de ces parties récréatives.

Souvent, lorsque le joyeux tumulte au dehors,

prenait des allures trop révolutionnaires, Félicien Nouveau sortait sur le perron et demandait de sa belle voix grave: « Germain, que fais-tu ?... »

L'enfant ne se dérobait pas. Il revenait dans la cour avec ses petits amis. Il avait pour son père un amour obéissant, craintif et passionné; la mort « de la chère maman Augustine » sevrait Germain d'une exquise tendresse dont il ressentait mieux la douceur à travers ses souvenirs. L'exubérance n'excluait pas chez lui une sensibilité profonde : ses sœurs Marie et Laurence, ainsi que son père devenaient l'univers pour lequel s'exaltait son ardent besoin d'aimer et d'être aimé.

Beaucoup plus tard, quand Germain deviendra véritablement un poète, le douloureux rappel du passé lui fournira ses plus beaux thèmes et prouvera la perpétuité de ses sensations enfantines. Il dira par exemple, en parlant de sa mère :

... Vois-tu la sainte et ses yeux creux,
Couvant l'amour en pleurs et la mort sous leurs franges ?
Cela se paie, avoir sa mère avec les anges . . . .
Et je perçois, la nuit, dans des songes de lait,
Distinctement la voix dont elle m'appelait.

La tristesse de Germain s'accrut pendant la maladie de sa jeune sœur. Marie merveilleusement douée, d'une intelligence bien au dessus de son âge, mourut, en effet, peu de temps après l'arrivée à Aix de la famille Nouveau.

Les derniers jours et l'agonie de cette enfant laissèrent dans l'âme de l'aîné des souvenirs ineffaçables, puisqu'il écrira dix ans plus tard :

> Et Marie ? Un matin j'allai, triste, à sa chambre :
> Son corps semblait vêtu des neiges de Novembre,
> Elle tremblait, c'était au fond du jeune lit
> Un soupir enfantin qui vibre et qui pâlit.
> Sept ans, une angélique et très vieille sagesse,
> Cœur où les cieux s'étaient versés avec largesse . . .
> Des mains qui palpitaient et des pieds qui battaient;
> Toute aile, voilà l'ange, et les saints écoutaient —
> ... Elle semblait quelqu'un dont la science est faite.

Après cette mort, une lourde atmosphère de mélancolie pesa sur les habitants de l'hôtel d'Eguilles.

Germain, pensionnaire au Petit Séminaire St. Stanislas d'Aix, y fit, avec ferveur sa première communion. Quoique bien jeune encore il ne cachait plus son désir d'être prêtre. Avec son cousin Jules Silvy, ils trouvaient d'excellentes raisons pour persévérer dans cette voie qui leur paraissait sublime, tant par le rôle charitable à remplir que par les prérogatives surnaturelles.

Déjà, bien avant cette époque, Germain aimait jouer au prêtre disant la messe. Avec ses sœurs et les petits Silvy, un autel était vite dressé. Un verre monumental servait de calice, un vieux rideau remplaçait la chasuble pour la circonstance; et les assistants, subjugués par l'air grave du prêtre minuscule, recevaient avec beaucoup de sérieux l'imaginaire Eucharistie. Si, parfois, les enfants raillaient le sacerdote en herbe, ils s'attiraient cette confiante réponse : « Vous verrez plus tard, quand je serai prêtre, ce ne sera pas pour rire ».

Mais depuis son entrée au Petit Séminaire Germain ne sortait plus que le dimanche, et ses joies consistaient alors à demeurer près de son père et de sa sœur. Ce père bien aimé était l'honneur même, il poussait si loin l'accomplissement de son devoir qu'il en mourut : un ouvrier de l'usine Augier fut atteint de la variole noire. « Mon devoir de maître, dit Félicien Nouveau, est de me rendre compte par moi-même que cet homme ne manque de rien ». On lui objecta, en vain, qu'il ne devait pas agir ainsi à cause de ses deux enfants sans mère. Il tint bon, se rendit près de l'ouvrier malade, contracta la variole et mourut quelques jours après.

Les conséquences de cette mort devinrent pénibles pour Germain; il resta plusieurs années au Petit Séminaire, et, à part quelques sorties procurées par ses cousins Silvy, il ne rencontra plus sa sœur qu'à de longs intervalles : Laurence avait été confiée à ses tantes Sœur St. Bernard et Sœur St. Louis, religieuses ursulines à Aix; aussi avec quel plaisir voyait-il approcher la fin Juillet. Une de ses lettres à son oncle maternel, Alexandre Silvy qu'il aimait comme un père, montre sa joie de se retrouver bientôt au pays natal, pour les vacances : « La dernière « lettre que j'écris est pour vous, je crois terminer « dignement ma correspondance. Je veux vous faire « part de tous mes sentiments. Je pense que l'affec- « tion et l'intérêt que vous m'avez toujours témoi- « gnés, cette affection qui se traduit si souvent par « des actes, mérite que je vous estime, que je vous « aime, que je vous chérisse. Je remercie Dieu « d'avoir placé dans ma famille un homme qui me « tienne lieu de père, un homme qui chargé d'une « nombreuse famille semble cependant ne plus la « voir, et ne penser qu'à ceux qu'un sort malheu- « reux a rendus orphelins... si à la fin de cette « année j'obtiens quelque succès ce sera à vous que « je le devrai après mon grand-père. Il n'y a donc « plus que huit jours... pour que, selon nos expres-

« sions écolières, les oiseaux sortent de la cage; je
« dois l'avouer cependant, cette captivité n'était
« pas sans douceur, et la liberté sera-t-elle sans en-
« nui ? Je l'espère, à côté d'un si bon oncle d'une
« si bonne tante, on coule toujours des jours heu-
« reux, et la joie... d'être frères et sœurs avec vos
« fils et vos filles semble nous promettre, à Lauren-
« ce et à moi, un plaisir bien doux... » [1].

Les vacances, seules, en effet, réunissaient les
deux enfants chez leurs grands parents à Pourrières.
Là, loin des froids parloirs, des réglements, des salles
nues et tristes, le frère et la sœur donnaient libre
cours à leur tendresse. Laurence était tout pour
Germain. Lorsqu'ils marchaient, appuyés l'un sur
l'autre, parmi les chemins du pays natal, les villageois admiraient la jolie fillette aux yeux verts, à
la lourde natte, et le jeune homme solide, beau gars
plein de fierté fraternelle.

A seize ans, les idées de Germain se modifiaient
quelque peu : il ne songeait plus à devenir prêtre
malgré sa foi toujours vive. Il demeurait, aux vacances, avec son grand-père Nouveau et, près du
cher vieillard, s'habituait à la rêverie.

---

(1) Lettre à Alexandre Silvy datée du Petit Séminaire
St. Stanislas à Aix, le 22 Juillet 1866.

Que de choses à imaginer pour un adolescent impressionnable ! Les voyages que décrivait si bien l'aïeul, les hauts faits des ancêtres, preux, hardis chevaliers qui frappaient d'estoc et de taille sur les ennemis, le rappel des cours d'amour que tenait cette Berangère des Baux—par exemple—si belle et si malheureuse, enfin mille détails romanesques, fantastiques, exaltaient l'âme passionnée de Germain.

Après ces récits émouvants, le jeune homme s'isolait; il s'asseyait en un coin du village ou de la campagne et rêvait, sans entraves. Il saisissait déjà l'harmonieuse beauté de la plaine provençale : tout contre l'église de Pourrières le chemin se termine en promontoire hardi, et l'horizon se découvre sous un ciel éblouissant. Que de fois Germain s'appuyait à ce balcon de pierre, à l'endroit même où le parapet essaye, en vain, par un demi-cercle d'empiéter sur l'abîme attirant, immense !... Ah ! cet espace !... Premier contact de l'inconnu, du mystère, de l'aventure. Les monts bleutés, les collines, les longs rubans de chemin qui serpentent à travers les villages bornaient trop les regards avides de contempler d'autres merveilles. Tentation de l'inexprimé ! Grâce éloquente comme un triomphe à venir ! Les parfums des thyms et des pinèdes, les bruyères violacées, les buis fauves, les vignes basses sur les côteaux, les moindres frissonnements de cette étendue mêlaient leur diversité, formaient un tout familier qui dispensait à la jeune âme aux écoutes, une mélodieuse ivresse.

Mais la vie terre à terre s'appesantissait sur le rêveur insatiable lorsqu'il rejoignait Laurence chez le grand-père Silvy. Déjà on se préoccupait de situations futures pour les enfants de cette maison heureuse : le cousin Jules, toujours immuable dans sa vocation, serait prêtre, Léopold deviendrait notaire, quant à Germain, il avait de longs conciliabules avec son oncle Alexandre. Ce dernier l'engageait à choisir un bon métier. La poésie ? L'Art ? Excellents dérivatifs pour élever l'esprit, mais bien peu aptes à nourrir le corps :

— Pharmacien, Germain, pharmacien, qu'en dis-tu ? voilà un métier solide et productif ?...

Le jeune homme promettait d'y réfléchir.

— A la fin des vacances, mon oncle, je choisirai.

En attendant, il jouissait de la vie intime qui lui manquait à Aix. Il prenait place souvent chez les Silvy à la table de famille, près de Laurence. La bonne humeur, le bien être épanouissaient les orphelins : Laurence, d'un caractère plutôt mélancolique, riait parfois volontiers; autant que son frère, elle aimait la poésie. Elle composait de petits poèmes qu'on admirait sincèrement. Quand à Germain il possédait un joli talent de dessinateur; il déclamait aussi des vers de Leconte de l'Isle, ou de Victor Hugo, de Baudelaire et, dans des strophes qu'il polissait de son mieux, son amour fraternel s'avérait profond et doux. Sa réputation de poète s'étendait même au delà de la maison maternelle. Il avait rimé quelques chansons et lorsque les ouvrières d'un de ses oncles, Silvy le tailleur, l'apercevaient sur la grand'place, elles se précipitaient aux fenêtres et lui criaient :

— Montez, Monsieur Germain, vous nous chanterez une de vos romances.

Enivrant baiser de la gloire ! Par les yeux ravis des petites villageoises, le poète recevait les prémices d'une admiration que méritait son art prestigieux. Une fierté transfigurait Germain lorsqu'il entendait le concert de louanges qui saluait son départ :

— D'aquéou poeto ! Mon Dieu qu'il parle bien ! Et quand il chante, c'est aussi doux que le miel de nos abeilles !...

Mais sa joie devenait profonde d'aller avec Laurence, passer quelques heures dans la maison de campagne des Silvy, « la Guiramane », au milieu d'un magnifique domaine de 68 hectares, situé à une lieue de Pourrières. Tout énivrés d'air pur, de l'odeur exquise des foins coupés, lorsque le frère et la sœur revenaient au village, le soir descendait peu à peu sur la plaine, et ils s'arrêtaient fréquemment pour admirer les subtiles colorations de l'incomparable étendue.

Il faut bien connaître cette Provence agreste pour en saisir les beautés. A l'heure où le soleil décline, la chaîne de Ste Victoire s'estompe sur un ciel pâlissant; des coulées d'or glissent, s'accrochent aux aspérités de la montagne qui, terminée par un promontoire, élève une croix rayonnante. A mi-côte, les légères fumées bleues de la brume traînent sur un sol rouge, et voilent presque les villages dont les clochers dominent. Jeu charmant des maisons étagées de Rousset, de Puyloubier, assises dans la terre argileuse, claires sur le fond vert des pins. Une sorte de garrigue entremêle ses broussailles et ses chênes kermes : De ce maquis s'exhalent les parfums balsamiques des romarins, des thyms et des lavandes. Vers Trets, en contre bas, la plaine rutile, incendiée par le soleil qui meurt. Pas de végétation luxueuse, comme dans d'autres régions varoises, à Bandol ou à Ollioules, mais, au contraire, une franchise de bon aloi qui séduit et prend l'âme par sa rusticité.

Pour celui qui la comprend et qui l'aime, cette Provence est douce. Elle charme. Sa poésie sereine demeure. Le lyrisme qui s'en dégage prend aux collines parfumées le feu qui — tout le long du jour — les baise de sa caresse ardente. Mystique ? Elle l'est, si l'on appelle mysticisme la tendance à la rêverie de ses habitants, les facultés imaginatives, la foi religieuse, le respect des traditions séculaires.

Dans cette partie de la Provence, le franc parler, la gravité réfléchie, l'accueil hospitalier des villageois sont les caractéristiques latines d'une race que les Maures n'asservirent point, mais à laquelle ils mélèrent leur sang oriental, âpre et rude. De là viennent le calme, la pondération, les rêves paresseux, mais aussi les réveils brusques, les entreprises vaillantes, les luttes opiniâtres.

Germain Nouveau connaissait l'influence de la terre des ancêtres. Un amour infini le grisait de songes, devant la plaine dont les chers oliviers frémissaient au vent du soir. Lorsque s'exaltaient les colorations — moment suprême où, derrière la montagne azurescente le soleil croulait parmi des nuées de feu — le jeune homme montrait de la main, à Laurence le décor splendide : — Regarde, petite sœur, regarde !...

Au contact de ce paysage magnifique tout vibrant

de souples harmonies, l'observation s'aiguisait; les formes, les contours, les détails inconnus des profanes livraient un peu de leur mystère. Et quand l'ombre s'étendait sur la plaine, une mélancolie assombrissait les deux orphelins. Car Septembre amenait lentement la fin de ce séjour délicieux au pays natal. Laurence retrouverait ses affectueuses tantes chez les Ursulines, mais le couvent était triste : les consolations pieuses très aimées pourtant, ne combleraient jamais le vide éprouvé dans cette atmosphère froide où manquait la tendresse maternelle.

Germain, lui, après l'enthousiasme d'une journée passée au grand air, en liberté, songeait à sa future situation. Prêt à suivre les conseils de son oncle, il n'en repoussait plus les suggestions trouvées d'abord ridicules.

Pharmacien ? Pourquoi pas ? Dans une ville de Provence, une belle boutique achalandée, productive où l'on vendrait trois francs ce qui coûterait six sous, où l'on gagnerait cinquante pour cent sur les spécialités; une clientèle déférente, une considération marquée, bref « rien de plus intéressant pour faire fortune ». Il y avait bien l'envers de la médaille : les longues poses officinales, la minutieuse préparation des ordonnances, le terre à terre du métier, la routine qui encrasse les idées :

— Pas moyen, tu comprends, sœurette, de rimer un sonnet, de dessiner au milieu des bocaux, des pilons et des mortiers, ou à la lueur verte et rouge de la devanture !...

Le sort en était jeté. Il en prenait son parti: Il serait pharmacien. Mais, en attendant, pourquoi ne continuerait-il pas à travailler le dessin, à composer des poèmes ? Plus tard, il ne pourrait plus. Il valait mieux profiter des derniers beaux jours de sa vie. Et, au lendemain de ces promenades, on le voyait dessiner sans relâche et rimer passionnément.

Ces demi-mesures le conduisirent à la fin des vacances. Sur les instances de son oncle Alexandre, il devait parachever ses études au Collège Bourbon à Aix, y concourir pour une bourse, passer son baccalauréat, pour entreprendre, plus tard, ses études de pharmacie.

Quelques jours après la rentrée, il écrivait la lettre suivante :

Aix 20 Octobre 1867

« Assurément, mon cher oncle, je vous écris un
« peu tôt, et vous n'en devineriez pas aisément la
« cause.

« Cela regarde mon avenir. Or je me suis dit,
« depuis que je suis ici : Que vas-tu faire ? Tu

« viens au collège pour six mois sur les vives instan-
« ces de ton oncle — on peut le dire — ton grand-
« père t'y met malgré lui; il te faut six mois de tra-
« vail, et au bout, la réussite de ton examen. Le
« travail c'est facile, il faut vouloir. Mais la réussite
« il faut pouvoir.Car si un examen de sixième est
« difficile pour la bourse, que sera-ce d'un examen
« de seconde où les matières sont si nombreuses et
« si étendues ?

« Jusqu'à présent ces réflexions sont justes, n'est-
« ce pas, mon oncle ?

« Mais, me direz-vous, ne pouvais-tu les faire
« pendant les vacances ? Oui, je les avais faites,
« aussi vous devez avoir vu que j'étais décidé pour
« la pharmacie.

« Quand vous eûtes la bonté de raisonner mon
« grand-père, pour entrer encore au Collège, je me
« dis : essayons.

« J'ai essayé; dix-neuf jours ont suffi, je touche
« au terme, j'ouvre les yeux et je vois.

« Je vois que de ce côté là, tout est douteux, in-
« certain. J'ai été troisième en version latine, bonne
« place, n'est-ce pas, mais c'est égal, selon ce qui
« s'est passé pendant ces 19 jours, j'ai compris que
« mon essai ne tourne pas à bon compte. Or j'ai
« six ans de collège, c'est assez.

« J'ai un petit talent (c'est là que je veux en
« venir), je sais dessiner, je puis le cultiver. Cela me
« plait, cela me sourit, non pas depuis quelques
« mois, mais depuis que je peux tenir un crayon.
« Je puis commencer demain, et faire ce que mon
« grand'père appelle : apprendre son métier. Cela
« coûtera ce que coûterait l'apprentissage d'un
« serrurier. Cela est certain. Que faut-il choisir
« entre le certain et l'incertain ?... »

Et il ajoute :... « Ma résolution est attachée là ! »

Cependant l'oncle Alexandre donna son avis. A
tous les points de vue, il valait mieux poursuivre
les études commencées. Germain réussirait à son
examen, passerait ensuite brillamment les épreuves
du baccalauréat - ès - lettres, ce qui deviendrait un
atout sérieux dans la vie. Quant à cette vocation
artistique irrésistible, le temps en montrerait la fra-
gilité.

Respectueux de ces conseils, n'y voyant qu'une
sagesse prudente et avertie, Germain resta au Collège Bourbon jusqu'à la fin de ses études. Mais,
éclatante et péremptoire réponse, il obtint en 1868,
au Concours régional, un prix de dessin d'imitation.

II

VERS LA GLOIRE

REVENU bachelier à Pourrières, Germain proclama, haut et ferme, sa volonté de devenir peintre et littérateur. Sa constance eut raison des inquiétudes familiales. On le prévint cependant de ce qui pouvait lui arriver de pire : la misère et la mort à l'hôpital. Mais allez donc parler d'indigence à un jeune homme de vingt ans qu'on émancipe pour plus de facilité, et qui se croit millionnaire avec sa modeste part d'héritage !

D'ailleurs ses projets ne sont pas déraisonnables; muni de chaleureuses recommandations pour ses compatriotes Thiers et Mignet, il essayera s'il ne réussit pas tout de suite d'entrer à Paris dans un ministère ou une administration de l'Etat. Le soir, il suivra les cours d'une académie de peinture; il enverra, d'autre part, des chroniques et des nouvelles à des journaux, et arrivera, sans faiblir, à la gloire... Ah ! que ses bons parents dorment tranquilles ! Lui n'a pas de doutes sur son heureuse fortune. Et il leur citait une fois de plus, l'histoire du peintre belge Coomans qui abandonna tout pour étudier son art et réussit comme il réussirait, admirablement.

Grand'mère Silvy ne ménageait pas les conseils à son petit-fils et filleul; elle l'imaginait, corps et âme perdus, dans cette capitale au renom sinistre. Les réparties confiantes du principal intéressé n'arrivaient pas à calmer ses angoisses :

— Boun Diéu, marraine, on ne me mangera pas à Paris. Vous verrez, tout marchera comme sur des roulettes.

En attendant Germain confiait à sa sœur émerveillée, à ses cousins et cousines, ses projets d'avenir. Quelle vie magnifique il se préparait. Plus tard, boite et chevalet sur le dos, il parcourrait les provinces à la recherche de sites pittoresques. Il irait en Normandie, en Bretagne, en Belgique. Il s'enivrerait de grand air, d'espace, d'horizons splendides, et coucherait dans les auberges, n'importe où, sans souci du lendemain. Il dessinerait, peindrait et rimerait fougueusement. La lutte serait moins difficile à soutenir que celles livrées autrefois par les vaillants ancêtres, elle posséderait, malgré tout, bien des charmes. Et quand ses cousins et cousines, plus pondérés, craignaient pour lui les mésaventures, superbe, il répliquait par des proverbes optimistes ou par des devises d'hommes célèbres : « A cœur vaillant, rien d'impossible ». « Nul bien sans peine ». « Fais ce que dois advienne que pourra ». Mais ni Jacques Cœur, ni Puget si gaîment évoqués ne se trouvèrent en butte aux charmes du quartier latin où aucun apprentissage n'était nécessaire pour y dépenser de bonnes espèces sonnantes et trébuchantes.

A peine arrivé à Paris, Germain s'accoutuma vite à travailler le moins possible et à festoyer beaucoup. Des séances de croquis, de dessin et de peinture l'occupaient une partie de ses journées, quant aux nuits il les consacrait à d'autres études où la raison et l'austérité perdaient leurs droits. Ses idées se modifièrent. Il se lia, peu à peu, avec cette jeunesse exubérante et narquoise qui, vers 1872, protestait non seulement contre « les classiques abhorrés » mais aussi contre « l'enflure romantique ». Les jeunes littérateurs et artistes manifestaient un effarant scepticisme, une inextinguible cocasserie jointe aux aventures les plus folles, un hautain mépris pour l'ordre, le respect familial et bourgeois. Il y avait quelque fierté à voir — comme Richepin — ses œuvres refusées par les éditeurs. Réussir tout de suite en art, en littérature, conférait un brevet de nullité triomphante accommodée au goût d'un public ignare.

Au milieu de talents délicats, les incompris, les ratés pullulaient; une sorte de fatalisme orgueilleux les soutenait. Ils espéraient une éclatante revanche pour leur génie méconnu grâce au Temps, le maître des maîtres. Certains de ces illusionnistes au surprenant don Quichottisme, se cuirassaient contre la mauvaise fortune et subissaient — héroïques — le martyre d'une longue attente. De bon ton, par conséquent pour tous, les allures supérieures, les languissantes attitudes, les phrases sybillines, l'ironie dubitative, les discussions interminables.

On se réunissait au Café Tabourey près de l'Odéon. Germain Nouveau s'y lia avec Richepin, Ponchon, Bouchor, Forain, Carjat, Mercier. On buvait force bocks ou absinthes dans la salle réservée « aux Messieurs peintres et poètes », embaumée d'intense tabagie.

Par moments, des silences relatifs permettaient l'audition de quelque poème suivi, comme il convenait, de hurlements, cris d'animaux, choc des soucoupes sur les tables. Chahut monstre où dominaient les mots gras parmi les phrases admiratives :

— Ah ! m...ince ! Vieux ! Ça c'est de la poésie !
Mais quand Nouveau déclamait ses vers Richepin ne cachait pas son enthousiasme :

— Ce petit a bougrement du talent !

On répétait un des premiers sonnets de Germain
« Style Louis XV » comme une scie louangeuse d'a-
telier...

> C'est adorable à voir les peintures exquises,
>
> Carnavals de Boucher et danses de Wateau,
>
> Silvains musqués, gothons à talon haut, marquises
>
> Et ducs, sous le loup noir gardant l'incognito . . .

On applaudissait les frais paysages, les forêts, les
heures nocturnes évoquées par ces vers fluides aux
suaves harmonies :

> Un vent d'été qui souffle on ne sait d'où
>
> Erre en rêvant comme une âme de fou.
>
> Et sous des yeux d'étoile épanouie,
>
> La forêt chante avec un bruit de pluie . . .

Parfois quelque admirateur s'écriait :

— Ah ! qu'en dirait « *Trop tard* » s'il entendait
ces poèmes ?...

Et par l'entrebaillement de la porte qui donnait

sur la salle réservée, où l'on ne fumait pas, les jeunes
énergumènes regardaient avec des rires fous, Barbey
d'Aurevilly ce « romantique attardé », sirotant son
habituelle demi-tasse, drapé dans sa cape sombre, le
petit doigt de la main droite orné d'une énorme
chevalière d'or, nez frondeur, cravate en bataille.

En rupture du Tabourey, Richepin introduisit
Nouveau parmi les habitués du « Dîner des Vilains
Bonshommes » qui réunissait à date fixe chez un
restaurateur de Montmartre des poètes et des artis-
tes, entre autres : Léon Valade, Mérat, Charles
Cros et ses frères, Bouchor, Catulle Mendès, Ca-
baner. Au sortir de ces repas mouvementés on passait quelquefois, rue de Madrid, dans le salon de
Nina de Villars. Elle y recevait « tous les poètes,
les écrivains, les musiciens, les peintres, les sculp-
teurs et les hommes politiques de son époque ».
Nouveau rencontre là Villiers de l'Isle Adam, Gill,
François Coppée, Emmanuel des Essarts, Léon
Dierx. Parfois Leconte de l'Isle et Stéphane Mallar-
mé passaient une heure au milieu des « jeunes »
dont les facéties et les burlesques poèmes les amu-
saient. Cros y récitait ses monologues étincelants ou
encore des vers lumineux aux coupes harmonieuses,
tels que « l'*Archet* »; et « *Lendemain* ». Dierx déclamait « *Lazare* »; Mendès les « *Contes Epiques* »

et les « *Soirs Moroses* » ; Richepin « *La chanson des gueux* »; Rollinat ses poèmes macabres. On discutait ferme dans le salon de Nina dont Catulle Mendès nous a laissé une peinture excessive avec « *La Maison de la Vieille* » : en somme, de nombreux bohèmes faméliques trouvaient chez Nina de Villars, compatissante et charitable, le repas et même le gîte sauveurs.

A cette époque, Maurice Bouchor composait les « *Chansons Joyeuses* »; il dédia quelques strophes à Germain Nouveau. Elles se terminaient par cet éloge sincère :

> ... Les sonnets, les strophes exquises
> Pleines de parfums précieux,
> A ton gré croissent en tous lieux
> Pour embaumer les folles brises.
>
> Et parmi tes poèmes verts
> Où le clair de lune frissonne,
> Harmonieusement résonne
> Ton nom fleuri comme tes vers.

Dès 1872 « La Renaissance Littéraire et Artistique » publia successivement les premiers poèmes de Nouveau : *Sonnet d'Eté, Style Louis XV, Un peu* de musique, *Retour, En forêt, Les Chercheurs* (dédié à Richepin). A « La Revue du Monde Nouveau » parut *Rêve Claustral* et beaucoup plus tard, à « La République des Lettres », *Le Musée des Antiques.*

En 1873, Nouveau est un beau gars de vingt-deux ans : il porte les cheveux longs, la barbe courte. Ses yeux d'Oriental veloutés, châtains, son nez busqué lui donnent l'air d'un arabe ou d'un israélite. Il rit d'ailleurs de ceux qui l'appellent juif. Mais son teint mat, le port noble de sa tête le signalent à l'admiration de bien des femmes avec lesquelles il croquera joyeusement ses derniers sous. Il accélère volontiers cette course à l'abîme. Il aime les belles choses, les meubles, les bibelots anciens. Il stationne chez les antiquaires et contemple ces caravansérails disparates où les siècles voisinent. Il caresse de l'œil et de la main les commodes ventrues, les lits à colonnettes, les fauteuils aux soies effilochées, les verreries délicates, les faïences luisantes. Il peuple sa chambre de menus objets rares. Quand son héritage est volatilisé, il vend ses trésors à regret, et il loge misérablement chez une Madame Cordelle, marchande de vins, 16 Rue de Vaugirard.

C'est l'époque où Richepin, dégoûté de voir sa « Chanson des Gueux » refusée par tous les éditeurs, se découvre un extraordinaire talent d'équilibriste. Tout le long du jour, en compagnie de Nouveau, il s'exerce, jonglant avec des bouteilles, manipulant cannes, assiettes, chaises, tables sur le bout de l'index :

— Allez, Hop ! mon vieux Germain, ça pourra nous servir plus tard. On ne sait pas ce qui peut arriver avec cette sacrée littérature !...

Mais Nouveau lassé de recevoir des bouteilles sur la tête, cherche une position sociale moins périlleuse. Sans abandonner la poésie, il peint des portraits qui lui procurent quelques subsides.

Un soir, au Tabourey, il aperçoit assis à une table solitaire, l'auteur des « Chercheuses de Poux » et du « Bateau ivre », Arthur Rimbaud qu'une détestable réputation met en quarantaine. Les yeux vagues, le corps maigre serré dans un vêtement élimé, Rimbaud voit, tout à coup, dressé devant son rêve, Nouveau, cordial qui lui tend la main.

Ernest Delahaye, l'excellent biographe de Verlaine, de Rimbaud et de Nouveau, a conté spirituellement cette entrevue. Nouveau, poussé par son esprit original, contradictoire, si personnel, agissait à l'envers de toute prudence et pour braver l'ostracisme dont Rimbaud était frappé, depuis ses aventures verlainiennes :

— Arthur Rimbaud ?

— Oui, et vous;

— Germain Nouveau. Causons.

Mais Rimbaud, désabusé, ne songe plus à la poésie. Le lendemain même il va partir pour Londres afin de tuer l'ennui qui l'assaille. Et Germain redressé, vibrant, s'enthousiasme :

— Londres ? Pourquoi pas ? Je pars avec vous.

— Mais ce sera dur.

— Nous travaillerons.

Assurance magnifique ! Mirage de l'inconnu ! Ah ! Nouveau ne réfléchit pas longtemps, sa fièvre de voyages, toujours réfrénée le brûle et, sans un regard en arrière, sans avertir personne, il part. Sa logeuse ? Ses papiers ? Ses poésies ? Bah ! une lettre arrangera tout.

Quelque temps après son arrivée à Londres, il écrit à Richepin; très exactement le 26 Mars 1874 :

« Londres m'a produit une impression d'étouffe-
« ment physique et moral : lumière d'éclipse, odeur
« de musc et de charbon, dans les rues, têtes d'an-
« glais sans expression, un grand mouvement sans
« bruit de voix. Charmants les cabs !... » [1]

Il donne quelques détails sur sa vie. Il visite les

---

(1) Lettres publiées par Richepin dans la Revue de France. Voir Bibliographie.

musées, les expositions : « Pas fort Turner, un
« peintre anglais à qui Molin eût donné des leçons
« de clair de lune. Les anglais pourtant encadrent
« sous verre; en revanche de chouettes Vélasquez
« et des Rembrandt chic ».

Comme l'argent devient rare, Nouveau travaille
en compagnie de Rimbaud chez un fabricant de
boites; mais bientôt dégoutés de ce métier ridicule,
les deux amis se séparent pour entrer, au pair, dans
des institutions.

En Mars 1875, Nouveau est à Bruxelles où Verlaine lui envoie quelques poèmes de la part de
Rimbaud résidant en Allemagne. Débuts d'une affection profonde. Dès Avril de la même année,
Germain retourne à Londres; il écrit à l'ami, au
poète, au lutteur, au mime, à l'équilibriste en un
mot à « *cette vieille Richepin* » : « La Belgique ne
« devait faire de moi qu'une bouchée. J'ai glissé sur
« le sol gras de parnasses satiriques et de faro. J'ai
« fait la connaissance d'un Russe à qui je vendais
« des sonnets qu'il ne m'a jamais payés qu'en thé-
« âtres et en absinthes beurrées. L'absinthe beurrée
« (ainsi nommée par deux soulots à toi connus) est
« un mélange d'absinthe, de bière, de genièvre et
« d'eau de vie proprement dite. C'est radical et
« cela parachève un homme *que tu n'as qu'à* en
« essayer. J'ai descendu l'Escaut — que tu as

« remonté — enfin, un jour, embêté de ne pas
« trouver des Rubens neufs à copier dans ces mu-
« sées qui sont « fermés » au public depuis des
« centaines d'années, me rev'la ici et c'est pour
« jusqu'à complète connaissance d'anglais et d'An-
« gueulterre ! ... » Une certaine Maud lui apprend
à dire : Love you me, et il fréquente assidûment
bars et cafés sans Verlaine que l'on disait à Londres
et qui se terre en quelque banlieue, introuvable.

Cependant Verlaine, peu de jours après, arrivait
du Lincolnshire. Nouveau l'attendait en gare du
grand chemin de fer du Nord. La relation de cette
entrevue est consignée dans un sonnet de Verlaine
dédié à Germain Nouveau :

Ce fut à Londres, *ville ou l'Anglaise domine,*
Que nous nous sommes vus pour la première fois,
Et dans King's Cross, mêlant ferrailles, pas et voix,
Reconnus dès l'abord sur notre bonne mine,

Puis la soif nous creusant à fond comme une mine,
De nous précipiter, dès libres des convois,
Vers des bars attractifs comme les vieilles fois
Où de longues misses plus blanches que l'hermine

Font couler l'ale et le bitter dans l'étain clair
Ou le cristal chanteur et léger comme l'air,
Et de boire sans soif à l'amitié future . . .

Je souligne quatre de ces vers comme l'a fait, dans sa Préface des « Valentines » Ernest Delahaye, en « nous disant que Verlaine, par un procédé affec-« tueux qui n'est pas rare en ses sonnets dédiés, a « voulu faire vivre quelque chose de l'ami et nous « convier à entendre celui-ci causant et chantant. « Les deux premiers soulignés sont des *mots* de « Germain Nouveau, les derniers visent à imiter « son style... »

Malgré les réjouissances de cette entrevue suivies de beaucoup d'autres Germain rentra quelque temps après à Paris, dégoûté des institutions de Londres, des bars, des restaurants, et surtout « de la vache enragée » mangée depuis plusieurs mois.

Il écrit à son oncle Alexandre : « Une raison toute « providentielle me fait quitter l'Angleterre. J'ai été « placé deux jours dans un petit pensionnat de la « campagne anglaise où je serais resté *si Dieu ne* « *m'avait attendu là* : il s'est opéré un tel changement « moral en moi, qu'au physique il est probable que « je ne suis plus le même homme. Je désire vous pren-« dre pour confident et j'ose espérer que vous ne « me refuserez ni vos conseils ni vos encourage-« ments, une fois arrivé a Pourrières. Car je veux « vous revoir, revoir tout le monde. La société de « bienfaisance de Londres m'a donné mon passage

« jusqu'à Paris... j'attends dans le plus bref délai
« le ticket ou billet de départ qu'on devait m'en-
« voyer l'année passée. Je serai donc au milieu de
« vous dans quelques jours. Je remercie Laurence
« pour sa bonne lettre, je la prie d'annoncer mon
« arrivée à mon grand'père Nouveau, à le consoler
« un peu de cette surcharge en lui disant que je lui
« serai utile autant que je pourrai, que je serai
« enchanté de faire la cuisine, moi, qui ai eu faim.
« C'est vrai, que je me contenterai de bien peu et
« d'une bien petite place ... »

Et après avoir dit qu'il est sans le sou, il ajoute :
« Quelles misères ! Mais quel changement, et que
« meilleure sera la vie qui va suivre ! Deux ans,
« presque trois d'absence. Je me demande s'il n'était
« pas coupable de négliger ainsi ma sœur, mes pa-
« rents. Je suis horriblement ennuyé. Tous les re-
« proches qu'on pourrait me faire n'égalent pas
« ceux que je m'adresse moi-même. Que mes tantes
« se réjouissent, j'ai passé chrétiennement mon
« dimanche à Londres... A bientôt. C'est parfaite-
« ment décidé. Pardon et pardon... »

Puis il s'inquiète de savoir si son ancien supérieur
au Petit Séminaire, le Chanoine Bernard, demeure
toujours à Arles. Déjà naissent des angoisses, des
remords dans l'âme de Germain Nouveau. Toute

sa jeunesse s'agite et le trouble par des souvenirs précis, auxquels s'ajoutent les exhortations de ses tantes maternelles, Sœur St. Bernard, Sœur St. Louis et de sa grand'tante Thérèse Nouveau religieuse à la Retraite Chrétienne d'Aix.

Il s'arrêtera donc à Arles pour revoir ce bon prêtre qui le connait bien et lui conseillera la prudence pour l'avenir, ainsi qu'une vie plus austère et plus calme.

A Pourrières, Germain retrouve avec joie ses amis, ses parents. On l'accueille sans trop de reproches. Il y passe les vacances. En Juillet 1875 il reçoit, à sa vive surprise, une lettre de Richepin, datée de Londres. Il répond immédiatement : « Cher vieux; reçois à l'instant même ta bonne « lettre et charmante. T'imagine pas l'étonnement « peu mince à la vue de l'enveloppe anglaise : « d'où ? de qui ? (Questions V. H.) Comment ? « toi re-à-Londres ?... » Il lui recommande un bar fameux où l'on consomme « de ces gingerbeers « monstres qu'on ne lampe que là ! » Avec un esprit étonnant, il donne à Richepin son avis sur Londres : « Je n'ai jamais vu de vrais anglais vi- « vant. Je ne connais pas de familles chez eux, je « ne parle pas des vagabonds, des misères; le « Londonien un peu chic sait bien que White- « chapel n'existe pas ! Vrai, vois-tu, pas chez lui

« (his house) l'Angliche pour moi, c'est Polichi-
« nelle sérieux, une figure que son ressort pousse
« méthodiquement du Strand à Piccadilly ou de
« tout autre endroit à tout autre endroit, et
« qui traverse la foule avec l'indifférence du
« bois « dont on fait les Thompson », mais pas
« souple, pas curieux, pas inquiet, pas amusé, peu
« amusant du reste, pas vivant comme les foules
« françaises... ». Pour finir Germain questionne
l'ami très éloigné : ... « Mais vraiment aurais-tu
« envie de te fixer là, à Londres, conférencier ou
« autre chose ? Car c'est bien sérieux, n'est-ce
« pas ? Ces cornets en flamme, ces kilos à bras
« tendus et ces assiettes ? Oh ! la jolie queue rouge
« qu'il a dans le dos, le gentleman ! Vois, Paddy,
« Mary ! but see, Madam, oh ! ah ! hi ! hi ! C'est
« le public ! ... » Et, plus sérieux, Nouveau pro-
met d'envoyer des poèmes : « C'est très religieux,
« je t'avertis, mais non encore du galbe de Barbey
« d'A. les fins sont chrétiennes ... »

Déjà ses idées « sont arrêtées »; il verra la vie
« autrement, « plus rien de macabre, de bi-
« zarre, d'étrange ... mais le pur, le simple, le
« choisi », il ira « désormais toujours à la plus
« grande lumière qui est le soleil ! — Pouah, les
« lunes ! ... »

En attendant de rentrer à Paris il compose une
histoire « rimée », « Nanie à sept ans » dans
laquelle revit sa petite sœur morte, toujours vivante
aux yeux des souvenirs.

Il adresse, dès la rentrée d'Octobre à Paris, des
poèmes à Verlaine : « *Mendiants* », curieuses
strophes, un peu hâchées qui débutent, lentes et
graves :

> Pendant qu'hésite encor ton pas sur la prairie,
>
> Le pays s'est du ciel houleux enveloppé.
>
> Tu cèdes, l'œil levé vers la nuagerie,
>
> A ce doux midi blême et plein d'osier coupé . . .
>
> . . . .

Un autre poème « Toto » décrit une fête imaginaire :

> . . . . les glaces seront de Venise et des pôles.
>
> Des plats d'or voleront par dessus les épaules.
>
> Sous de frais lustres à cent mètres du plafond
>
> Qui sera comme un ciel d'indulgence sans fond
>
> Où trembleront des seins, des lyres et des astres,
>
> Des rires croûleront comme de gros désastres . . .
>
> . . . .

Les derniers vers envoyés — sonnet intitulé

« Dompteuse » — sont impeccables de forme et subtils en harmonies imitatives :

> Elle vint dans Ninive énorme, où sont les fous
> Qui veillent dans les lits et dorment sur les tables,
> Et le théâtre est cendre où, les soirs ineffables
> Elle noyait sa tête aux crins des lions doux.
>
> Fixant sur eux des yeux charmeurs comme en des fables,
> Elle allait, éteignant leurs cris dans ses genoux,
> Calme, et trouvant l'odeur des palmes et des sables
> Au souffle de leur gueule errant sur ses seins roux. . . .

Dans les deux premiers poèmes, l'influence de Verlaine est sensible; mais peut-être Nouveau essaye-t-il, par procédé affectueux, lui aussi, d'imiter l'ami très cher ? ...

*
* *

Entre temps, Laurence se mariait avec un notaire de Rousset, Eusèbe Manuel. Belle occasion pour Germain de rimer des vers émouvants et charmeurs. Ce poème instulé « La Maison » indique bien le lent travail qui s'opère dans l'âme mystique et passionnée du jeune poète. Certes, il n'abandonne pas ses amis, ses habitudes, mais il songe à s'évader parfois de l'existence veule qu'il mène depuis des années. Ah ! ces grossièretés ! Ces amours éphémères ! Ces basses orgies ! Horreur ! Ce qu'il lui faudrait ? Une vie pure très éloignée, hélas, et pourtant si proche : loin de son courage, près de ses désirs.

Et son poème décrit la cérémonie future : sa sœur Laurence, la bien-aimée, toute de blanc vêtue, voilée de mousseline ... Quand viendra cette heure où il assistera, joyeux, à la nuptiale bénédiction.

> Dans l'Eglise, au minuit solitaire et charmant,
> J'écouterai le prêtre avec ravissement,
> Agenouillé, car c'est ainsi qu'il faut qu'on aime,
> En rêvant dans la paix à quelque cher poème
> Où mettre ce que j'ai de meilleur et de bon . . .
>
> . . . .

En février 1877 après quelques essais infructueux d'enseignement au Collège libre de Charleville, Germain Nouveau passa quelque temps chez son beau-frère Eusèbe Manuel à Rousset, et régla quelques affaires de famille concernant la dernière part de son héritage. Le mari de Laurence, était un homme affectueux, bon et plein d'esprit; il accueillit à bras ouverts « l'enfant prodigue » pour lequel « la petite sœur gentille » avait une tendresse de mère.

La maison Manuel, située à l'extrémité du village de Rousset, possédait une terrasse encadrée par des pilastres autour desquels grimpaient des géraniums et des lierres. Le cep d'une vigne s'allongeait en tiges nerveuses, sur le haut treillard de la façade. En hiver, un chaud soleil doré illuminait de ses rayons cette maison heureuse tant et si bien, que les paysans la désignaient par l'habituelle expression méridionale, louange d'un endroit tempéré : « Un petit Nice ». Quand Germain ne se promenait pas à travers la campagne, il dessinait, peignait, rêvait ou rimait là, sous la vigne, devant le splendide horizon.

Tous les soirs, chez les Manuel, le repas terminé, maîtres, domestiques, amis, se groupaient autour du foyer où brûlait un feu de bois vif, pour « passer la veillée ». Des voisines apportaient leurs ouvrages, des voisins leurs pipes. On contait de bonnes histoires avec le savoureux accent du terroir et surtout en provençal. Germain se réjouissait des chansons populaires que chantait Madeleine Négrel, une amie de sa sœur. Il ne se lassait pas de les entendre. Les heures fuyaient trop vite à son gré, et il suppliait tel un enfant qui voit s'évanouir son rêve : « Encore Madeleine, encore ! ». Naïfs et doux, les vieux refrains s'envolaient pour ravir l'âme du poète. Ces romances anciennes, avec leurs trames un peu simplistes, mais toujours fraîches et délicieuses murmuraient tant de choses à cet amoureux du passé ! Toute une époque disparue apparaissait à ses yeux éblouis. Parfois les airs délicats ressemblaient à du plain-chant et les paroles naïves en étaient plus mystérieuses. *Leis Jalous, leis Esclots, la cansoun de Maria-Madeleno; la Bello Margottoun*, devenaient autant de sujets à reproduire en vers français, sous le titre de « *Chansons Retrouvées* ».

Mais quand le répertoire de Madeleine Négrel, de tous les parents et amis fut épuisé, on dit à Germain d'aller voir une pauvre femme du village « qui savait des choses comme une vieille fée ». C'était une misérable ramasseuse de crottin, toute courbée par les ans, surnommée Bouligue d'or, ce qui signifie Nombril d'or, sans doute à cause de l'amas vermeil qui gonflait habituellement son tablier relevé en sac autour de la taille.

Nouveau raconta, par lettre, à Richepin cette entrevue mémorable : ... « Elle se sauva comme un animal qui a peur, en criant : « Je suis trop vieille, « je ne sais plus rien; je ne sais pas le français, je n'ai « plus de mémoire, plus de voix ». C'était touchant « et charmant, puis elle finit par condescendre. »

Grâce à Bouligue d'or, les *Chansons Retrouvées*
augmentèrent. Richepin qui en reçut quelques unes
félicita Nouveau qui lui répondit modestement :

« Tes éloges ne sont-ils pas exagérés ? Il n'y a
« de neuf là-dedans que l'idée de ressusciter de
« vieilles choses. La forme existe, le fond est naï-
« veté; or cette forme et cette naïveté, nous les re-
« trouverons dans des tas de chansons qui portent
« la même marque populaire : *La pauvre femme,*
« *c'est la femme du roulier; Auprès de sa blonde*
« *qu'il fait bon dormir,* etc. etc ... Je n'ai donc
« qu'imité ... *La Porqueronne* que je t'envoie est
« un récit (admirable à mon avis), ça se psalmo-
« diait dans des temps extrêmement jadis... »

Et, se basant sur ce que la chanson populaire a
fourni à Goethe, à Heine, à Mistral, des thèmes
splendides, il estime inépuisable ce qu'il vient de
découvrir à Rousset par la voix d'une pauvre vieille
femme; il songe à revivifier la poésie en la retrem-
pant à la source populaire.

A quelques jours de là, Nouveau arrivait à Paris
avec la dernière part de son héritage qu'il dépensera
aussi rapidement que la première. Aux vacances de
1877, il rejoignait à Arras, Verlaine dont l'influence anéantissait bientôt ses hésitations religieuses. Il
devenait peu à peu le croyant sincère, convaincu,
ardent à « servir » Dieu.

Avec « Pauvre Lélian », il visitait les Cathédrales, les églises gothiques et manifestait son admiration pour le Christ de St. Géry dont il entreprenait une copie très heureuse, qualifiée d'exquise par Verlaine dans un des Poèmes d'*Amour*.

Cependant Germain Nouveau ne pratiquait pas encore ouvertement, mais il disait déjà : « Comment ne pas croire à une religion qui a produit tant d'art et de beauté ? » Il affectait même un curieux scepticisme où le respect humain gardait ses droits, et, sans rien dire à ses amis, il avait des heures pieuses, recueillies, méditatives. C'est ainsi qu'il abandonna quelques jours, Verlaine pour aller à Amettes, le pays de St. Benoit Joseph Labre. Il en aima, tout de suite, la vieille église du XIVme siècle et son maître-autel qui s'orne d'une statue de St. Labre agonisant. Il priait devant la relique émouvante : cette misérable paillasse, rapportée de Rome, sur laquelle mourut « l'humble des humbles ». L'étrange destinée de cet héroïque paysan d'Amettes plaisait au rêveur épris de beauté mystique. Il en connaissait les détails par le volume de Léon Aubineau : « La vie admirable du Bienheureux mendiant et pélerin Benoit Joseph Labre » paru en 1875 et répandu à profusion dans tout le diocèse d'Arras. Mais Germain Nouveau qui faisait ses délices de cette « Vie » très circonstanciée, désirait l'évoquer dans la chambre même du Saint.

Aux paysans qui lui montraient la maison Labre, grande bâtisse « où l'on entrait comme chez soi », le poète posa quelques questions : Cette ferme conservait-elle son allure primitive ? Les vieux du village l'avaient-ils toujours vue ainsi ? Et comme on lui répondait que le chaume qui recouvrait jadis ces murs avait été remplacé par des tuiles, Germain fulmina :

— Du chaume à la bonne heure, c'était joli, propre et sain ! Des tuiles ! Quelle idée ! Vandales, va ! ...

Mais dans la petite chambre basse de St. Labre où il resta seul de longues heures, le silence le charmait et l'effrayait : Les saints ne laissent-ils pas un peu de leur personnalité aux endroits où ils vécurent ? Si le Bienheureux surgissait tout à coup, à travers les murailles pour reprocher au chrétien timoré ses lâchetés puériles, son respect humain de commande, ses irréligieuses forfanteries ? ... Ce petit mot, *SAINT*, désigne tant de grandeur, de vertu, de courage ! Il est sublime et redoutable à la fois. La vie d'un Saint proclame, en somme ce qui manque à la nôtre pour obtenir la paix divine de l'Amour.

« L'ange d'Amettes », humble sans mesure,

avait écrasé l'orgueil sous les mortifications extrêmes ! Comment posséder un tel mépris de soi ? ... Benoit Labre agissait « au renversement de toute sagesse et de toute raison humaine ». Pris d'un invincible désir de voyager, il allait à pied, sans relâche, aux pélerinages d'Europe, mendiant sur les routes et aux porches des églises, les quelques liards indispensables pour vivre. Rome, Lorette, Einsieldeln, St. Jacques de Compostelle et quantité d'autres pélerinages l'attirèrent pendant plusieurs années. On le voyait arriver en haillons, couvert de vermine, le chef revêtu d'un vieux chapeau, la taille cerclée d'un rosaire à gros grains. Benoit recherchait les railleries, les injures et s'en délectait. Il flagellait durement sa chair. Dans les granges où il passait la nuit, il priait longuement pour les blasphémateurs et les ennemis de Dieu. Traité de paresseux, de fou, d'halluciné, il souriait et répétait volontiers : « Je suis un vagabond ». Des prêtres qui ne le connaissaient pas lui refusaient l'Eucharistie : il subissait tout sans se plaindre, jusqu'à ce que son éminente sainteté devint, malgré lui, tangible par des miracles.

Germain, prosterné sur le carreau de la chambre, suppliait St. Labre de le guider, de le protéger, et surtout de lui donner la force de vivre en catholique sincère. En évoquant « l'Humble par excellence »,

Nouveau comprenait cette abnégation héroïque, comme il avait admiré l'élan de Verlaine pour les martyrs chrétiens, difficiles sinon impossibles à imiter dans la sphère étroite des habitudes quotidiennes :

> Ah ! mais, par instants j'ai l'extase rouge
> Du premier chrétien, sous la dent rapace,
> Qui rit à Jésus témoin, sans que bouge
> Un poil de sa chair, un nerf de sa face . . . .
>
> . . . .

Les méditations, les rêveries, les prières naissaient libres de toute entrave, dans cette chambre d'où la nuit, seule, chassait le pélerin passionné.

Après quelques visites réitérées à Amettes, Germain Nouveau regagnait Paris en Septembre. Il entrait peu après au Ministère de l'Instruction Publique en qualité d'expéditionnaire au 2me bureau de l'Enseignement, dans lequel il se lia avec Léonce de Larmandie, Henri Roujon, Fabre des Essarts, Camille de Ste Croix. En 1880 aux vacances, il était à Juniville où il peignait le portrait de Lucien Létinois, pastel fantaisiste que célèbre un poème d'«*Amour*».

Entre temps Nouveau publiait des chroniques très
appréciées au Gaulois, au Figaro sous la signature
Jean de Noves et réunissait sous le titre de « La
Doctrine de l'Amour » de beaux poèmes catholiques. Car désormais il veut vivre en chrétien sincère. Il écoutait enfin la voix intérieure qui, depuis
son retour de Londres lui montrait les ineffables
douceurs des rédemptrices mortifications.

Et ne faut-il pas, dès à présent, comparer les poèmes primitifs de Germain Nouveau à « la Doctrine
de l'Amour » pour y surprendre l'ardeur inattendue
qui, géniale et profonde, s'illumine au rayon d'une
Foi glorieuse ?

III

- LES PREMIERS POEMES -

ET

« LA DOCTRINE DE L'AMOUR »

NOUVEAU connait à fond nos ressources poétiques ; les subtilités l'aident au lieu de l'épuiser. Il sait tout ce qu'une phrase gagne à être bridée, contenue, ramassée ou élargie suivant que les mots frémissent plus ou moins par la magie de leurs syllabes. Raffinements, délices harmoniques ? Certes et sa vision heureuse s'impose, enivrante, déploiement savoureux de procédés où se mêlent les sonorités légères et fluides, les clartés lunaires, les élans de l'âme extatique et ravie :

> Une musique amoureuse
> Sous les doigts d'un guitariste
> S'est éveillée un peu triste
> Avec la brise peureuse . . . . .

Tout le charme de la nuit réside dans ce jardin de songes éthérés :

> Et sous la feuillée ombreuse
> Où le jour mourant résiste,
> Tourne, se lasse et persiste
> Une valse langoureuse . . . . .

Mais bientôt voilà ce qu'éprouve l'être en son intimité, que mélancolise l'ombre. Ne le niez pas, déjà les murmures des mélodies apaisées vibrent dans ces mots, et l'harmonie imitative subit une gradation savante, ondule, pour mourir exquisement. Essayez ! prononcez à demi-voix cette fin du poème et vous ressentirez un charme plein de suavité :

> . . . . On sent dans l'air qui s'effondre
> Son âme en extase fondre
> Et parmi la vapeur rose
>
> De la nuit délicieuse,
> Monte cette blonde chose
> La lune silencieuse . . . . .

L'emploi des rimes féminines donne à ces vers une sorte de faiblesse alanguie et il semble que Nouveau ait suivi, du moins en partie, les conseils de Pauvre Lélian: « de la musique avant toute chose » … car ce sont des trouvailles, des recherches, des illuminations de style où la forme asservie enchâsse l'idée qui brille de mille feux comme un diamant très pur.

Cependant il ne s'agit encore que d'impressions fugaces, de notations éprouvées au contact d'un paysage :

> Dans la forêt étrange c'est la nuit
> C'est comme un noir silence qui bruit.

ou de réveil du jour dans la campagne parisienne :

> La matinée était bleue
> Et sur nos têtes sonnait
> La rime, oiseau qu'on prenait
> D'un grain de sel sur la queue. . (1)

Parfois aussi son rêve s'exprime en des phrases sensuelles, imitées de Baudelaire, étonnamment évocatrices :

> Nous habiterons un discret boudoir
> Toujours saturé d'une odeur divine,
> Ne laissant entrer comme on le devine,
> Qu'un jour faible et doux ressemblant au soir. (2)

---

(1) — Retour.
(2) Sonnet d'été

Mais lorsqu'il se souvient de sa sœur Laurence qu'il a laissée au pays natal, un émoi chaste et profond joue dans ces vers conclusifs :

C'est ma mère qui me regarde avec tes yeux (1)

Déjà l'âme inassouvie cherche autre chose que des colorations, des futilités ou de faciles plaisirs; peu à peu les promesses éternelles la guident : les reflets divins ne tardent pas à l'embraser, elle s'exalte, brûle, se consume et languit dans les tourments et les joies d'un Amour Unique.

> Je n'ai pas tenu sous mes doigts,
> Une lyre orgueilleuse et rare,
> Mais un pauvre instrument barbare
> Taillé dans l'arbre de la Croix.

Nouveau se retire au désert : il y jeûne. Ses dilections s'affirment larges, puissantes, droites. La solitude met en lui des résolutions saintes. L'activité spirituelle dévore son âme; son être tout entier vibre et frémit. Le poète éprouve la sécheresse des affec-

____

(1) La Maison

tions humaines, en aperçoit l'instabilité et repoussant ces joies éphémères, il s'isole, au milieu du monde, malgré les inévitables contingences.Lorsqu'il revient de sa solitude, il porte sous son front les lumineuses pensées d'extase. Il nous les transmet parmi les éclairs et les fluctuations des rythmes châtiés. Prophète à la parole magique, ses méditations ravissent et transportent; les trouvailles heureuses ne cèdent à la beauté qu'en profondeur.

Je sais tout ce qu'on lui reproche, mais par ses défauts même il nous séduit. La gradation savante des phrases suspensives, la multiplicité des sujets, l'attente du verbe qui clôt la série des accummulations géniales, l'emploi répété des vocatifs ne diminuent en rien la délicieuse jouissance harmonique de sa poésie.

C'est une source fraîche qui, au sortir de terre, jase; bruit léger semblable à un frémissement d'ailes, à un chant de cigale. Puis elle ondoie, court, déborde, retombe, s'oublie aux méandres capricieux des rives sous l'étonnement d'une pénombre, dans le miroir d'une vasque pour continuer sa course, enfler son lit des mille ruisseaux qu'elle rencontre. Ce n'est plus une source timide et frêle, mais le torrent indompté qui, rebondissant sur les pierres moussues, chante son cantique d'amour à la fois terrible et doux.

Cette poésie s'impose, miraculeuse, par les séductions d'une phrase ordonnée, savante, très pure. Un je ne sais quoi de naïf et de bon, de tendre et de divin saisit l'âme à la lecture de ces vers inspirés.

**

Par quels mots assez évocateurs le Poète commence-t-il ce recueil ? Déjà l'épigraphe significative annonce des éclairs, des fulgurations intenses :

Savoir aimer suffit, savoir aimer délivre
Ames simples et cœurs souffrants, vivons ce livre

mais le premier poème qui balbutie d'abord timide, très humble :

O mon Seigneur Jésus enfance vénérable . . .

s'élève peu à peu, s'épanouit, pour resplendir enfin dans la flamme d'un inextinguible amour. Prière ardente, allégresse de l'âme où toute pensée vaine abdique, page liminaire admirable non seulement par des vers sublimes, mais encore pour l'émouvant hommage d'un grand poète à son Dieu. Nouveau reconnait son impuissance en dehors de l'Esprit, et s'il se dépouille, son orgueil abaissé n'en souffre guère : l'union de sa sensualité et de sa foi est séduisante.

Accessible à tout ce qui charme il transpose sur des rythmes larges et chatoyants ce qu'il perçoit en artiste avec son imagination vive.

Ah ! je ne veux pas affirmer que tout est parfait dans ces poèmes ! Leurs rares imperfections aident à manifester davantage leurs beautés. Lisez le « *Cantique à la Reine* » par exemple. D'abord pareilles à des vagues légères, instables, renouvelées, caressant le sable où elles expirent et renaissent — les strophes suspendent leur effet terminal pour mieux vénérer la « Vierge par excellence »; les vocatifs, les exclamations : Epouse !... O morte !... vous !... vous !... augmentent, semble-t-il les témoignages d'amour.

Caresses, ai-je dit ? Certes, et si douces. De chaque quatrain émane un bruissement de lèvres amoureuses; Puis vient le grand désir de communiquer le feu dévorant.

> Aimez : l'amour vous met au cœur un peu de jour;
> Aimez, l'amour allège;
> Aimez, car le bonheur est pétri dans l'amour
> Comme un lys dans la neige !

> L'amour n'est pas la fleur facile qu'au printemps
> L'on cueille sous son aile,
> Ce n'est pas un baiser sur les lèvres du temps :
> C'est la fleur éternelle.
>
> . . . .

Lorsque Nouveau exaltera la nature : « le livre de Dieu » l'adorable câlinerie de ses vers se jouera encore des difficultés :

> Le jour est moins charmant que les yeux de la nuit,
> C'est un astre en rumeur que tout astre qui luit,
> Musique d'or des cieux faite avec leur silence;
> Et tout astre immobile est l'astre qui s'élance. (1)

Admirez ces vers qui manquent au poème intitulé *Dieu* [2] dans l'édition Messein :

> Parole de Jésus, source sous les palmiers
> Où s'abattent les cœurs ainsi que des ramiers,
> Où les âmes vont boire ainsi que des chamelles,
> Nourrice, tu suspends le monde à tes mamelles ! . . .

Voyez aussi dans le poème intitulé « *Les Mains* »

----

(1) Immensité. page 32
(2) Dieu. page 35. Vers retrouvés par M. Eugène Guérin.

toutes ces visions blanches, exquises, frémissantes
qui nous frôlent telles des délices inattendues :

> C'est Dieu qui fit les mains fécondes en merveilles;
> Elles ont pris leur neige aux lys des Séraphins,
> Au jardin de la chair ce sont deux fleurs pareilles,
> Et le sang de la rose est sous leurs ongles fins.
> Il circule un printemps mystique dans les veines
> Où court la violette, où le bluet sourit;
> Aux lignes de la paume ont dormi les verveines;
> Les mains disent aux yeux les secrets de l'esprit.
>
> . . . .
>
> Les mains chez les méchants sont des terres arides;
> Celles de l'humble vieille où tourne un blond fuseau
> Font lire une sagesse écrite dans leurs rides. (1)
>
> . . . .

Et ne pensez pas que ce sont là des vers heureux,
choisis entre mille. Parmi les *Poésies d'Humilis*,
nous irons d'enchantement en enchantement. Les
trouvailles de génie abondent, si bien que tout, à
peu près, mériterait une citation et des commen-
taires admiratifs.

----

(1) — Les mains. page 47.

Nouveau veut-il nous exalter pour la « *créature* [1] il détaille la suprème élégance des proportions humaines, assimilant les jambes aux colonnes d'un temple dont le buste est l'autel; la ligne du torse, elle, forme le contour du vase antique, dans un ordre harmonieux semblable à une lyre, tandis qu'une phrase chante aux cordes du cœur, éternelle:

> La tête émerge, et c'est une adorable fleur.
>
> Noyée en une longue et lumineuse extase.

Veut-il nous inspirer la haine du vice, « ce banal grand chemin », il écrit « *L'homme* », et ce sont des conseils au « dormeur maussade à qui chaque aube dit : Debout ! » Ou bien encore s'adressant à la Femme « l'ancienne esclave à la caresse amère » il lui demande, en phrases fécondes et terribles de ne pas abuser de sa force, de ses grâces félines, mais; au contraire, de montrer à l'homme que c'est folie :

> De poursuivre le ciel ailleurs que dans les cieux.

Et lorsqu'il magnifie les hideurs de la corrosive volupté, de l'atroce plaisir :

------

(1) — Poésies d'Humilis. Le corps et l'âme page 49. 50.

Renard caché qui mord le ventre obscur des foules

ce n'est que pour l'abaisser sous le pied de l'Amour triomphant, cet Amour divin que le poète transfigure avec allégresse, et prie humblement, de toute son âme, avant-goût des humiliations bientôt souhaitées et acceptées.

Ah ! je ne reprocherai pas à Nouveau cette admirable pièce qui précède « *Les Cathédrales* », intitulée « *Les Musées* » : il note ces strophes avant son grand poème catholique, perle du recueil, afin de nous préparer aux extases qui suivent. Dans ces deux pages, tout le rappel antique frémit; les musées, demeures du Passé, sont si différents des maisons de Dieu, et pourtant les statues des dieux et des déesses s'y réfugient. Toutes les vénérations de Rome et d'Athènes y resplendissent d'un éclat périmé; la courbe des corps nus, le galbe des draperies marmoréennes sous lequelles se devinent les formes heureuses évoquent une lointaine vie. Les temples, les flûtes virgiliennes, les fêtes impériales, la douceur de vivre, le troupeau des esclaves, les chars, les luths, cette profusion de dieux au culte écroulé, dans ces salles closes où

Le pied rit aux miroirs des parquets précieux.

ressuscitent avec une superbe allégresse :

> O belle antiquité toute nouvelle encor
> Berce nous de tes bons murmures . . . . . .

Mais tout à coup éclate le buccin du Christ; l'auguste voix de Jéricho anticipe sur le temps ; elle résonne au dessus des marbres figés de ces morts ou de ces dieux immobiles, sans force pour revivre autrement qu'en de fugitives visions; l'airain vibre et l'Amour s'éveille; le voile de l'oubli couvre déjà les idoles :

> Mais gloire aux Cathédrales ! . . .

Toute la joie éprouvée parmi les rayons de soleil qui baignent les statues romaines et grecques se transpose. Incomparable flamme mystique ! Les pierres tressaillent, livrant leurs secrets de quiétude et de douceur. L'âme qui se mourait d'obscure consomption s'émeut, adore, brûle enfin, tel un holocauste, grâce à la magnificence du décor. Le poème de pierre se réflète au miroir magique des dilections chrétiennes; les phrases s'élèvent comme le jet d'une eau pure qui frisonne vers le ciel, retombe en mille gouttes semblables à des diamants, pour renaître, s'élan-

cer, resplendir avec une force inassouvie à la conquête de l'azur. Les sources délicates ont de ces jail-
lissements au sortir de terre : arc en ciel de joies
neuves, aurore de bonheur, salut à la vie féconde.
Car c'est une vie nouvelle et bien différente de tout
ce que les poètes créèrent. Les splendeurs catholiques déjà célébrées sous une forme inégalée. *Dieu,
Les mains, Le corps et l'âme, Amour, Prière*, atteignent leur paroxysme en ce chant prestigieux.

D'abord le Poète nous montre les maisons de prières,

> Pleines d'ombre, de feux, de silence et de râles . . .

élevant leurs tours au dessus des chapelles agenouil-
lées comme devant leur suzeraine. Et brusquement
un monde merveilleux apparait, vivant. Les mille
détails des magnificences à chaque pas écloses me
suggèrent l'idée d'un beau ciel aux constellations
innombrables qui ravissent par leur découverte.

L'éblouissement de ces beautés sidérales atteint
au centre même de la sensibilité. Tout ce que la piété
populaire édifia, tout l'édifice de l'amour divin
s'illumine, grâce à l'imprévu des phrases qui trans-
figurent : la rosace

> Immortelle rose
> Que nul vent ne peut effeuiller

les soutiens extérieurs

> Dont la solidité se raille
> Des gifles de l'éclair et des griffes du temps.

les cloches qui bruissent aux heures de la prière, et

> Comme au cœur d'une ruche aux cages de leurs tours
> C'est un bourdonnement de guêpes colossales;

les vitraux, les cierges, les croix, l'encens, l'orgue, les portes, les nefs, le souvenir des artistes inconnus qui sculptèrent ces merveilles, tout cela resplendit en tourbillons allègres, en illuminations passionnées jusqu'à l'élan sublime :

> O magnifiques Cathédrales
> Chaumières de Jésus, Bethléem éternel . . .

Mais, bientôt, le charme des rêveries prenantes agit, parle. L'âme admire. Le frisson des béatifiques joies l'effleure

> .. Sous l'œil d'un Christ qui semble en son Calvaire vaste
> Un grand oiseau blessé dont l'aile lasse pend.

Le repos dans cette oasis, parmi la fraîcheur des

chapelles, donne une force inattendue au lyrisme
final, à l'invocation symbolique et sublime :

> Quand le parvis plein d'ombre éteint toutes ses voix
>   O Cathédrales, je vous vois
> Semblables au navire émergeant de l'eau brune,
> Et vos clochetons fins sont des mâts sous la lune
>
>   Et vous bravez tous les désastres
>   Car le Maître est Celui qui gouverne les astres,
>   Le pilote Celui qui marchait sur les eaux . . . .

Le cri de la foi ardente apparait comme une affir-
mation impétueuse, grossie de tous les témoignages
d'amour divin qui tressaillent parmi les murs, les
voûtes et les tours massives.

>   Allez, vous êtes la figure
>   Vivante de l'Humanité;
>   Et la voile du Christ à l'immense envergure
>   Mène au port de l'éternité!

*
* *

Ce n'est pas seulement dans les Cathédrales que
le génie du poète se donne et se livre. J'ai parlé de

trouvailles, de vers frappés au coin de la plus vibran-
te fantaisie : ces fleurs se cueillent au jardin de son
esprit, parmi de nombreux poèmes inspirés tels, par
exemple que « Chasteté » :

> Couronnement divin de la Sagesse humaine
> La Chasteté sourit à l'homme et le conduit,
> L'homme avec elle est Roi, sans elle tout le mène
>
> La Sagesse ! Sans elle un baiser la détruit !
> Nul n'a contre un baiser de volonté suprême;
> Nul n'est sage le jour, s'il n'est chaste la nuit.
>
> Nul n'est chaste vraiment qui ne l'épouse et l'aime
> Dans l'esprit de beauté, dans l'esprit de bonté,
> Et nul chaste sans vous, Seigneur, Chasteté même.

ou bien encore « *Pauvreté* » :

> Travaillez, c'est la règle, enrichissez-vous, mais
> Restez pauvres d'esprit. Laissant les fiers sommets,
> Les lys, pour s'élancer, ont mieux aimé les plaines,
> Et quant aux dons du ciel : « Aux pauvres les mains pleines ».

L'épouse « selon le cœur de Dieu », la Mère —
image de la Vierge Sainte — n'est pas oubliée, dans
« *Idylle* » :

Elle, quand elle file, un bras hors de la manche,
Elle a l'air de filer son âme en laine blanche . . .

Le même souffle ardent, irrésistible anime les
phrases nuancées, dans « *Humilité* », « *Couples
prédestinés* », « *Mors et Vita* » et surtout dans
le dernier poème du recueil où l'*Amour* est splendidement évoqué :

. . . Il revient, le voici, son aurore éternelle
A frémi comme un monde au ventre de la nuit,
C'est le commencement des rumeurs de son aile;
Il veille sur le sage et la vierge le suit.

Il palpite toujours sous les tentes de toile,
Au fond de tous les cris et de tous les secrets,
C'est lui que les lions contemplent dans l'étoile;
L'oiseau le chante au loup qui le hurle aux forêts.

La source le pleurait, car il sera la mousse,
Et l'arbre le nommait, car il sera le fruit.
Et l'aube l'attendait, lui, l'épouvante douce
Qui fera reculer toute ombre et toute nuit . . . . . .

Après les sublimes espérances de l'Amour Roi des
Cœurs, des Ames, de l'humanité entière, la dernière
strophe est le cri de la foi suprême :

Mais adorez l'Amour terrible qui demeure
Dans l'éblouissement des futures Sions,
Et dont la plaie, ouverte encor, saigne à toute heure
Sur la Croix, dont les bras s'ouvrent aux nations.

Odeurs suaves, rafraîchissantes et douces, exhalées par une âme qui arde, embrasée de Feu mystique. Parfums d'encens qui montent vers le Ciel.

IV

LE DRAME

CERTES, il est doux de sentir en soi tout le divin. Le Christianisme, incomparable beauté, séduit l'âme des poètes;et les liturgiques attraits du cérémonial enchantent les heures des croyants amoureux de splendeurs. Les vérités reconnues, acceptées avec enthousiasme, forcent l'abandon des pratiques païennes : désormais les élans mystiques, la ferveur dans les chapelles, l'assistance aux messes célébrées parmi les lueurs bleues des matins, les prières prononcées à genoux sur les dalles nues des couvents ou des églises, la magnificence des offices accompagnés de mélodies grégoriennes si prenantes, tout cela remplace les trop matérielles beautés dont l'âme et le corps se nourrissaient avant la décision suprême de marcher pour toujours sur le chemin qu'ont parcouru tant d'apôtres, de martyrs et de saints.

Longtemps l'âme espère le repos dans cette voie nouvelle, longtemps elle cherche le contact divin en asservissant le corps à une discipline dure, à une pénitence rude; elle connait sa faiblesse et ne craint pas de l'avouer à Celui qui devient le centre de son culte.

Souvent aussi l'Amour semble se dérober aux désirs de l'être avide qui l'implore : vues impénétrables d'un Dieu caché aux providentielles raisons dépassant les espoirs, les demandes, les réalisations. Et c'est le vide intérieur, la fuite des joies religieuses qui soutenaient l'homme défaillant : foi naïve, élans, prières, ardeurs... le cordial infini manque. Dieu parait s'éloigner et ne plus écouter l'homme prosterné. Alors, pour un poète, tel que Germain Nouveau, surgissent les souvenirs. Les voilà accourus en foule, assaillant la pauvre âme déjà traquée par la Haine.

Ah ! la vie joyeuse d'autrefois ! Quelle luxuriance d'émotions elle procurait ! Les chansons gaies, voire obscènes, le rire déchainé par les farces du quartier latin, les exubérances juvéniles sans souci des passants, le mépris du « bourgeois » sur lequel les brocards fusaient rapides, cruels, la vie — enfin — la vie débordante de passion réapparait pour troubler l'homme dont la sensibilité s'exacerbe aux souvenirs de ce qui n'existe plus mais... de ce qui pourrait être encore.

Ah ! jeunesse ! Te revivre ! La religion détruit ta flamme désordonnée et si voluptueusement douce; ton ivresse lointaine si tentante... Les longues beuveries avec Verlaine et Rimbaud, les conversations si gauloises avec Richepin, Bouchor, Forain et tant d'autres, parmi l'atmosphère sursaturée du parfum des liqueurs, les habitudes chères prises au Café Vachette, au Tabourey, les longues discussions d'école, tandis que, goutte à goutte, l'absinthe se prépare, délicieuse, dans le verre oblong ... autant de souvenirs qui, pervers, sollicitent l'homme religieux qui ne veut pas mourir.

Et puis le rappel des aventures amoureuses; les rendez-vous à la sortie des ateliers, l'ivresse des nuits folles, charnelle attirance qui éprouve plus que toutes les visions du passé ! La sensualité à laquelle se livrait autrefois Germain Nouveau, cette sensualité qu'il avait contraint à capituler devant la rigidité de sa règle de vie, était la plus redoutable évocation qui devenait peu à peu, triomphatrice. Pour mieux enserrer le poète de ses lacs énervants, elle suggérait à son esprit les phrases chantantes qu'il composait avant sa conversion. Il répétait les mots qui célébraient les plaisirs raffinés dont son paganisme s'accommodait jadis :

> Nous habiterons un discret boudoir . . .

> Une blonde frêle en mignon peignoir
> Tirera des sons d'une mandoline . . . .

La Femme « chaque jour plus énorme et plus lourde » s'imposait à son esprit, il retrouvait les phrases qui ramenaient la vision

> De l'épaule menue et grasse
> Et le menton rit tel un fruit . . .

Il pensait dans ces moments cuels et troubles, au galbe d'une taille frêle, il en détaillait la sveltesse, tout ce qu'il chantait à vingt ans, dans ses vers. Pour lui, renaissaient des visages charmants, il revivait des heures inoubliables, tout ce que son imagination lui avait inspiré, les heures de rêve où parmi le parfum blond des cigarettes, couchées sur de précieux tapis

> . . . . . Dans des poses d'almées
> Voluptueusement dorment les bien-aimées.

Il pouvait répéter enfin, comme avant les larmes de ses oraisons ferventes :

> Je rêve, et mon cœur n'y est pour rien,
> Vraiment — Oh ! vraiment ce n'est pas bien.

Mais il n'abandonne pas sans luttes l'objet de ses dilections. Il espère, il croit, et il résiste à la voix de la Haine qui monte en lui. Il sait que des fleurs exquises croissent le plus souvent sur un terrain boueux.

Lorsque des éclaircies surviennent en son ciel spirituel, il se montre charmant pour ceux qui l'entourent, comme seul il peut l'être, amenant à lui les cœurs les plus revêches, les plus hostiles, mais dès que les tentations l'assaillent, il devient insupportable ou étrange, avec des crises de mutisme qui durent des journées entières ou des colères affreuses, subites, imprévues : « Deux hommes se battaient en « lui, m'a dit Louis Le Cardonnel. Cette guerre « effroyable ne lui laissait aucun repos; par mo- « ments, un mysticisme enflammé le jetait aux pieds « du Christ, puis tout à coup, aux prières succé- « daient les blasphèmes, le langage obscène qui me « révoltaient. Pour des futilités, il avait des colères « d'enfant capricieux que rien ne maîtrise, *des co-* « *lères de taureau* ».

Toute la vigueur méridionale de Germain Nouveau se déployait en ces passes douloureuses : il suffisait d'un mot pour que le sarcasme jaillît, brutal, de ses lèvres; le blasphème suivait, et l'obscénité ne tardait point. Délectation dans l'horrible, mots qui outrageaient sciemment, férocement le Dieu inspirateur de tant de beaux poèmes, comme une abjuration trépidante de l'homme débordé par de charnelles invites. Une accalmie survenait, affreuse; et le poète, las de toutes choses, horrifié de ses abominables blasphèmes, voulait mourir, se frappait la poitrine, jurait une pénitentielle réparation, mais dès le lendemain, livré à son exubérante nature recommençait à vivre cette vie tourmentée pleine d'angoisses mortelles.

Mais il ne se rend pas sans efforts de retour vers un passé de calme et de paix. Au début, timidement, il apparaît dans les cénacles, aux cafés où il retrouve ses amis. Puis les habitudes tyranniques reprennent, sur lui, leurs droits. Volontairement, il s'aveugle; les succès féminins l'aident à éloigner de lui tout sentiment religieux. Le voilà retourné à la Bête. Et comme chez lui, l'outrance et la contradiction s'allient pour former l'entêtement le plus obstiné, il ne veut même pas regarder en arrière de crainte d'apercevoir le fantôme de son existence pieuse. Il ne dira point comme Verlaine qui regrettait une époque de prière et de ferveur :

> Je fus mystique et je ne le suis plus,
> La femme m'aura repris tout entier,
> Non sans garder des respects absolus
> Pour l'Idéal qu'il fallut renier. (1)

A l'égal de « Pauvre Lélian » il n'avouera pas sa faiblesse; sans un soupir vers ce qui fut si plein de « charité sainte aux purs feux si doux », il n'écrira pas :

> O le temps béni quand j'étais ce mystique,

mais il tâchera d'oublier jusqu'au moindre souvenir de son amour du Catholicisme. Bien plus, il étouffera cette naïveté évocatrice de tant de vers sonores et profonds, il ne songera plus qu'à jouir en paix — du moins le croira-t-il — de ses succès qui le grisent. Autant que sa bohème le lui permettra, il soignera son corps, deviendra l'élégant, le charmeur avide de conquérir non des âmes, mais des amours nouvelles. Il veut épuiser jusqu'au fond, le calice des jouissances humaines, et pour mieux tuer en lui ce Dieu qu'il avait si tendrement aimé, il le couvrira de mots gras, d'injures. Il n'hésitera point à ridiculiser

------

(1) Verlaine. Chansons pour elle.

ce qu'il chérissait autrefois. Sans doute s'agitent encore au tréfonds de son être de vagues réminiscences, des coupes de vers, des mots d'amour qui chantent. par moments, mais afin d'obtenir de n'en pas être troublé, il redouble de violence.

Aussi les sautes d'humeur, les mutismes, les colères de Germain Nouveau lassaient tous ses amis. Grâce à cette exagération qui caractérise certains méridionaux, il ne parlait rien moins que de se battre avec son chef au ministère; on ne le ménageait plus en effet, à cause de ses innombrables absences et de ses réparties intempestives quoique pleines d'esprit. Il s'étonnait de ces « anomalies », et furieux, confiait à Le Cardonnel qu'il fréquentait assidûment: « — Ah ! ce chef ! Je le tuerai ! Je le tuerai ! Une bombe pour lui et sa clique d'imbéciles ! »

Le futur auteur de « Carmina Sacra » ne s'étonnait pas outre mesure de cette fureur passagère, car il était lui-même tourmenté par un état d'âme complexe et douloureux. Seul, Nouveau vit clair dans cette nature ardente; avec un regard profond — jamais oublié depuis — il toucha Le Cardonnel jusqu'aux larmes en l'éclairant sur sa vocation :

— Toi, Louis, tu seras prêtre. Ne résiste pas à l'appel divin.

Quant au « gueux Germain Nouveau », il haussait les épaules sur son avenir : « Moi ! Oh ! Moi ! ... »

Et, tout à coup, il démissionne; le deuxième bureau de l'Instruction Publique, d'ailleurs, a largement assez de ce dilettante qui raille et persifle, crie et tempête pour des riens, lorsqu'il consent, par le plus grand des hasards, à faire acte de présence.

Voilà le poète libre. Il part avec un certain Père Spath, en qualité de professeur de dessin dans un collège maronite au Liban. Il mène à Beyrouth une vie étrangement dissolue. Il y reste peu, après s'être amouraché d'une jeune aveugle qu'il abandonne à regret. Entre temps, il a contracté une maladie qui le force à quitter son emploi. Il se réfugie à Rousset, en Provence, chez son beaufrère, Eusèbe Manuel, qui l'accueille ainsi que sa sœur Laurence, à bras ouverts.

Enfant prodigue, tout est en fête pour le recevoir, lui, qui occupe — malgré tant de soins ménagers — une si belle part dans le cœur aimant de la « petite sœur gentille ».

Par les beaux soirs d'été, la table desservie, on entoure « l'arrivant » de ces pays lointains qu'il transforme avec sa vive imagination en pays de songe. Parfois un souvenir plus tendre effleure de son aile enchantée ceux qui écoutent, ravis : « Ma belle aveugle ! »

Laurence, active et bonne, soigne maternellement cet homme qu'elle voudrait retenir sur la pente où elle le voit glisser et le regret de son âme douce s'exhale :

— Germain, si tu voulais pourtant ! ...

Mais, lui, câlin, charmeur comme toujours, la repousse un peu, les deux mains aux épaules frêles :

— Ah ! Sœurette ! Toi et ce bon Eusèbe, vous ne serez jamais que des « bourgeois », tranquilles, calmes, pot-au feu ignorants des plaisirs que la vie réserve à ceux qui savent la comprendre.

En attendant ces plaisirs raffinés ne laissaient au Poète que des souffrances qui l'obligeaient à suivre un régime assez dur. Germain raillait sa propre misère, et, se promenant avec ses nièces, il aimait à prédire ses maux futurs :

— Vois-tu, Marie Louise, bientôt mes dents tomberont, j'avalerai ma langue ...

Si bien que les fillettes, effrayées, le considéraient comme un phénomène, et, vite, pour créer une diversion, lui demandaient de réciter ses poèmes ou ceux de Baudelaire qu'il savait admirablement détailler, grâce à sa voix prenante :

Le poëte est semblable aux princes des nuées...

ou bien encore des vers anglais qui résonnaient

étranges de rythme, dans la campagne provençale :

> Ding ! Ding, hey, ding-a-ding,
> Gentlemen, let me ring.

Au cours des autres heures, trop longues à son gré, il peignait quelques portraits et des paysages; mais toujours tourmenté, il s'irritait trop souvent d'un régime exécré, et Laurence avait beaucoup de peine à ramener le calme en lui. Cependant lorsqu'une année après son arrivée, le poète partira pour Paris, il regrettera le toit hospitalier où il se sentait si bien chez lui, dans la douceur du foyer retrouvé.

De nouvelles préoccupations obsédaient Germain. Se rendait-il aux avis fraternels qu'on lui ménageait peu de Rousset et même de Pourrières ? Quoiqu'il en soit, il songeait « à vivre de son métier », et, entièrement guéri, préparait le Certificat d'Aptitude à l'Enseignement du Dessin dans les lycées et collèges. En dehors de cette préparation une fantaisiste bohème absorbe le temps libre : réunions et discussions avec les poètes funambulesques, les ratés et les décadents; amours passagères au quartier latin, gaîté redondante du bouge à la rue. Le plaisir, les bons mots, les jurons voulus, orgueilleux, sonores, remplacent désormais la vie prudente, réservée, emplie de mots divins, amoureusement catholiques, et les phrases conçues dans l'extase religieuse.

On dirait qu'il veut annihiler en lui les pensées graves, et que toute sa conduite proteste ainsi contre Dieu :

— « Ah ! tu croyais me tenir par des liens solides, je te prouverai que tu n'existes plus pour moi. Oui, j'ai changé d'idéal; désormais j'écraserai ton souvenir sous le flot de mes injures; je sais trop que ton amour exigerait l'abandon de ce qui fait ma joie, mon ivresse actuelles ».

> Non, mon idéal c'est la Femme,
> Féminine de corps et d'âme.
> Et femme, femme, femme bien
> Bien femme, femme dans les moelles,
> Femme jusqu'au bout de ses voiles . . .

Et il avoue : « Je ne veux être qu'un athée qui ne peut croire qu'en l'amour ». Il servira volontiers le dieu qu'il découvre soudain et qu'il n'hésite pas à expliquer :

> C'est. . . mais c'est vous . . . vous que j'aime,
> Que j'aime avec âme, avec feu,

> Mais c'est ton corps, mais c'est ton âme,
>
> Mais c'est toi, ma petite femme,
>
> Toi, cet adoré petit dieu . . .

Car, dès son arrivée à Paris, Germain rencontrait la femme à laquelle il dédiera tant de vers légers, érotiques et badins, cette « *Valentine* » qui l'influença jusqu'au bouleversement total, jusqu'à l'aventure tragique vécue cinq années plus tard.

La jolie Valentine Renault, normande rusée mais vulgaire, très renommée pour la friture des pommes au lard dont se délectait Germain, avait « un visage ovale, la tête petite, un nez aquilin aux narines frémissantes, de roses lèvres point trop grasses et d'un spirituel contour ». Le poète aimait en elle « l'arc de ses sourcils digne de la flèche d'amours rieurs, les doigts menus de gamin, l'ombre douce des cheveux qui la caressait de baisers bruns et le pied d'enfant de rois ». Au demeurant cet adoré petit dieu n'était qu'une très ordinaire fille du quartier latin, avide de tous les plaisirs et des noces échevelées. Elle sut garder auprès d'elle le poète que son impudeur et sa vulgarité ravissaient passionnément.

Grâce à ces amours, durant deux années, suivant l'inspiration quotidienne, Germain Nouveau composera ces poèmes que l'on a réunis sous le titre de

« *Valentines* », dans lesquels on a loué « le charme délicieux rappelant celui du XVIIIme siècle » mais qui sont surtout immoraux et très inférieurs aux vers de « la Doctrine de l'Amour ». Quelques-uns mêmes, s'alourdissent de nombreux points de suspension qui laisseraient supposer ou une spirituelle finesse, ou une trouvaille pleine de sel gaulois; mais ce procédé qui ne répond, le plus souvent, à rien, lasse le lecteur: l'ineptie y est trop visible, l'obscurité trop grande. Les poèmes compréhensibles révoltent par un style stercoraire, des plaisanteries faciles accompagnées de jurons, de blasphèmes, d'abominables parallèles [1].

Poèmes composés après boire ou la bouteille en mains, phrases dans lesquelles se retrouve le désir de supprimer le moindre vestige d'une foi déjà loin-

---

(1) On ne m'accusera pas d'étaler ici cette impudeur, ces injures; mais il me semble *nécessaire* de donner un bref aperçu de ces vers afin de montrer l'évolution *pleine de remords*, subie par le poète des Valentines quelques années plus tard :

> Je ris du Dieu des bonnes gens
> S'il en est encor par le monde
> Avec les gens intelligents
> Je ris du Dieu des bonnes gens,
> Sacré D. . . ! Quels airs indulgents !
> Quel gros c. . , quelle panse ronde ! . . . »

taine. Pauvre poète qui, durant dix années, ne fail-
lira point à cette tâche et glorifiera la fougue des
passions telle une bonne déesse !... Mais ce soin,
cet acharnement à accabler un Dieu qu'il déclare
ne plus exister, auquel il ne veut plus croire, prouve
surabondamment qu'en son âme, tout au fond de
son être, il existe un jardin secret où, malgré les flots
de pourriture qui se répandent tout autour, Dieu
n'a jamais cessé de vivre avec ses parfums de pa-
radis.

*
* *

Cependant, après avoir passé les épreuves du
Professorat de Dessin, Nouveau est nommé au Collège de Bourgoin dans l'Isère. Bourgoin, ville assez
médiocre, insignifiante pour un artiste tout de suite
en butte aux potins, aux cancans. Pour un méridio-
nal avide de lumière cette campagne ressemble bien
peu à l'espace découvert de Rousset ou de Pourrières et ce soleil anémique, au foyer rutilant qui
embrase les soirs en Provence.

Pourtant Germain Nouveau essaye de s'acclima-
ter. Il loue une chambre dans un cottage sur la route
de St. Jean de Bournay, et — au printemps — il

installe son chevalet sur les pentes de ce Plan Bourgoin, où les sapins projettent leurs ombres parmi
les longs échalas des vignes dauphinoises. Il s'éloigne
volontiers des agglomérations car des bruits bizarres
courent sur le professeur de dessin nouveau « Nouveau ». Avec sa verve primesautière, il n'hésite
pas à railler la bonne âme très renseignée :

> C'est vrai, je suis épileptique,
> Je puis tomber trois fois par jour . . .
> . . . .
> C'est du moins ce que j'entends dire
> Et qu'un petit bruit dans un coin
> A jadis tenté d'introduire
> En ton délicieux Bourgoin.

Mais il limite le plus possible ses rapports avec les
habitants de la petite ville « où tous, des facteurs
aux abbés ont des potins dans la cervelle ». Autant
qu'il peut, il profite des jours de congé pour s'en-
fuir à Lyon, et des vacances pour résider à Paris
auprès de la « très chère Valentine et autres dames
de qualité ».

Il obtiendra, un an après, son changement pour
Remiremont, et, en 1888, pour Paris où il professera

désormais au lycée Janson de Sailly. En dehors des heures de cours, il reprend sa vie agitée, retrouve tous ses amis fidèles, et ne néglige aucune de ses habitudes intempérantes. Les orgies, les beuveries ruinent sa santé. Par moments, il a des envolées poétiques charmantes — si rares — mais toujours la chair y est exaltée, l'ivresse glorifiée. Il ne résiste plus à cet entrainement capable de supprimer en lui toute raison, jusqu'au moment où l'ivresse quotidienne le déprime si bien que le rappel du passé religieux et candide s'opère naturellement dans son esprit.

Alors à travers les brumes de chaque soir, il lutte effroyablement contre ces visions de pureté, d'humilité, célébrées avec tant de trouvailles heureuses par lui, autrefois; et comme il n'a plus le courage de s'éloigner de la dégradation dans laquelle il se vautre, sa raison semble dérailler après une orgie. Tout à ses remords, il proclame la supériorité des chants de l'Eglise sur les chansons profanes et, en pleine classe, au lycée Jeanson de Sailly, il entonne vêpres d'une voix retentissante et avinée. Puis, grâce aux idées de pénitence qui le torturent, il se déchausse et sort ainsi dans la rue. Enfin, toujours ivre, le soir venu il tombe à genoux, boulevard Victor Hugo, au milieu du ruisseau et trace humblement des croix avec sa langue sur le bord du trottoir. On le ramasse, on l'interne à Bicêtre où l'on craint pour lui une crise de « delirium tremens ». Il y reste plusieurs mois, salle commune, parmi les fous, ceux que les infirmiers attachent avec des liens solides sur des lits fixés au parquet. Les nuits que Germain Nouveau passe là deviennent infernales. Son extrême sensibilité y éprouve d'atroces terreurs. Quand le soir tombe par les fenêtres grillées, le concert de folie commence, les cris s'entrecroisent, les hurlements ne cessent guère; les répétitions de mots, les phrases hâchées se heurtent, et ce dortoir où l'on dort peu ressemble, avec ces bruits hallucinants, à une vision dantesque.

Quel être nerveux, impressionnable, en une pareille atmosphère de démence, ne sentirait chanceler sa raison ? Pourtant Germain Nouveau résiste. Il n'est pas fou, il ne le devient pas. Mais par un remords naturel, logique, il songe à son passé, au temps où sa foi déterminait en lui des bonheurs si purs, tandis que de l'existence déréglée menée depuis dix ans :

Il ne devait rester qu'une ironie immonde.

Alors il compose cet admirable poème, plein de

sens et d'à propos intitulé « *Aux Saints* » :

> Si tous les matins de nos fêtes,
> Nous chantions tous avec amour
> Sur les harpes des saints prophètes,
> Nos prières qui sont parfaites
> Je ne serais pas dans la cour.
>
> . . . .
>
> Si l'homme s'oubliait lui-même
> Pour ses frères, comme un retour
> Des bienfaits du Seigneur qui l'aime . . .
> Qui le marque de son Saint Chrême,
> Je ne serais pas dans la cour;
>
> Et si nous, les fous de Bicêtre
> Nous avions fait notre devoir
> Le devoir dicté par son prêtre,
> Nous serions au parloir peut-être
> Ce ne serait pas ce parloir . . . . .

Le regret de sa vie passée l'étreint. Il y songe
constamment. Lui qui s'amusait naguère — avec les
sous-entendus licencieux qu'on devine — dans un
de ses poèmes à multiplier l'anagramme de son propre nom, il y voit sans doute par ces arrangements
imprévus, des indications prophétiques de règle de

vie. Il avait trouvé, amalgamant toutes les lettres qui composent les mots Germain Nouveau : Amour ingénue. Va — Amour ingénu. Eva — Amour ignée, va, nu — Il avait été surpris des deux majus-cules G. N. « qui font songer à la Gehenne », semblent « les portes de l'Enfer » et, par un jeu amusant, proclament un état d'esprit qui étonne par sa précision :

> En jouant sur le mot Gehenne,
> J'ai — semble-t-il dire — la Haine,
> Et je ne l'ai pas à moitié . . . . . (1)

En effet, toute la vie de Germain Nouveau, par une coïncidence étrange, tient dans les arrangements de ce nom : la première période de sa vie se com-pose de l'amour de Dieu, la seconde de l'Amour féminin et de la Haine de Dieu, la troisième qui va commencer bientôt donnera *leur véritable sens* à ces vers sur « Amour ignée. Va, nu » :

> Il m'invite à brûler sans trêve
> Comme le cierge qui s'élève
> D'un feu très doux à ressentir
> Comme le cierge dans l'église . . .

____

(1) Valentines et autres vers.

Ce sera la période enflammée de l'Amour sacrifié, du renoncement total aux joies du Monde. Le poète songe déjà à donner libre cours à cette flamme ardente qui le dévore. Il veut se dépouiller de tout ce qui l'attache encore à la terre.

La lutte en lui n'est pas terminée; du reste, elle prend une autre forme. Il craint maintenant de n'être plus digne des faveurs du Christ. Et comme il veut obtenir son pardon de Celui qu'il a tant outragé, il s'adresse à Celle qu'il vénérait et pour laquelle il écrivit de si beaux vers. Dans un élan de foi profonde il compose ce merveilleux « *Memorare* », qui résume ses définitives aspirations.

> Souvenez-vous, Vierge Marie :
> On dit que nul ne s'est perdu
> De tous ceux dont la voix Vous prie,
> A travers les flots en furie;
> Chacun est sûr d'être entendu.

Cependant, malgré son espoir confiant, il pense qu'il a beaucoup offensé Dieu :

> J'ai fait à Dieu d'horribles guerres.

Et il tremble, hésite, pleure, balbutie :

> Mes yeux se sont baissés d'eux-mêmes
> Aux fantômes de mes blasphèmes. . .

Il n'ose franchir le seuil de cette Eglise vers laquelle il accourait, plein de confiance dans la mansuétude de la Vierge :

> J'ose à peine en franchir la porte,
> Je chancelle au passé récent
> D'ordures folles que je porte . .

Mais une voix semble le rappeler au moment de sa fuite éperdue; sa prière s'élève, à présent, humble, très douce; c'est un enfant qui parle à sa mère, et la décision s'étale, magnifique de courage, d'imprévu, de volonté :

> Je vois qu'aux fleurs, comme aux estampes
> Vous préférez les cils mouillés
> Aux chandelles, sinon aux lampes,
> Le jeûne qui pâlit les tempes
> Et les genoux humiliés.

Désormais ce sera *la Pénitence ardente et triste* qui dirigera sa vie :

> Je ferai Quatre Temps, Vigiles

> Et le Carème en sa rigueur
> Comme un chrétien des Evangiles,
> J'enchainerai mes yeux agiles
> Ne levant au ciel que mon cœur.
>
> Je m'infligerai des supplices
> Avec ma corde aux nœuds serrés,
> Ma discipline, mes cilices,
> *Je dois faire aussi mes délices*
> *Des rires que j'exciterai.*

En somme « voilà le païen des Valentines revenu aux sentiments d'Humilis ». Mais pour vivre selon l'idéal entrevu, il faut sortir de cette horrible prison. La société des fous devient insupportable au poète; quoique mieux traité que la plupart des pensionnaires de Bicêtre, on l'autorise à sortir mais il n'use pas de cette faveur. La phobie de la salle commune le tenaille. Au moment des repas des scènes se produisent entre aliénés, inévitables, écœurantes, atroces. Malgré sa volonté de ne pas s'émouvoir, ces déments l'excèdent et la peur de devenir semblable à ceux qui l'entourent ne s'éloigne que rarement de sa pensée. Les remords augmentent son désir de commencer une vie pénitente, sacrifiée, telle qu'il la rêve enfin et pour laquelle il n'hésitera devant aucun obstacle. Il ne se plaint pas. D'ailleurs serait-il écouté des gardiens, du directeur de l'asile habitués aux revendications plus ou moins incohérentes ? Mais à des amis, il exprime franchement sa détresse. Laurence, retenue à Rousset par une maternité prochaine prie des amis, Mr. et Mme Delannoy de le visiter. Ils accourent à Bicêtre. Mais depuis quelque temps Germain ne descend plus au parloir. Ce jour là [1], il y parait à regret, devant l'insistance de ses visiteurs, puis s'excuse aussitôt : « Vous venez de la part de Laurence, pardonnez-moi, je refuse de descendre quand je ne sais pas qui me demande car ce sont souvent des indifférents poussés par la curiosité de voir un fou, et dans ces conditions là leurs visites ne me font pas plaisir. »

Et il avoue ne pas lire les lettres qu'il reçoit, il ne pourrait y répondre : toutes les lettres qui partent de l'asile sont lues, relues, et épluchées afin de trouver des signes de folie chez leurs expéditeurs. Mais Germain prie Madame Delannoy de dire à Eusèbe, à Laurence et aux petites (ses nièces) combien il les aime et pense à eux. Quant à ses vers que sa sœur réclame, quelques uns datent de quinze ans, il y apportera les indispensables corrections avant de les livrer au public.

------

(1) — 26 Juillet 1891.

Durant deux heures, il se montre gai, spirituel, charmant, « sa physionomie est on ne peut plus ouverte », [1] et ses amis partent absolument éberlués d'une causerie si pleine de sens. Aussi reviennent-ils plusieurs fois et Germain exprime sa détresse; pour lui plaide le tragique décor : « Sortir ! Sortir de cet enfer ! ! Ne plus voir ces barreaux, ces fenêtres grillées ! Résister oui, tant que la volonté le pourra, mais cette atmosphère de folie est si puissante ! Et puis, oh ! ces déments, tous ces déments !... Si vous saviez ce que je suis obligé d'écouter. Des mots dignes des bagnards ! Parfois je me bouche les oreilles pour ne pas entendre, mais c'est plus difficile que de ne pas voir ».

Emus, ses amis Delannoy multiplient leurs démarches auprès du Directeur de l'asile et Germain parait si calme, si pondéré à leurs yeux qu'ils visitent l'aumônier de Bicêtre, l'abbé Caqueret afin de savoir ce qu'il pense d'un aliéné si raisonnable. L'abbé n'hésite pas à dire nettement toute sa pensée : « Plusieurs fois j'ai causé avec lui des heures en « tières sur toutes sortes de choses : histoire, géo- « graphie, théologie même où, s'il continue, il sera

----

(1) — Lettre de Madame Delannoy à Laurence Nouveau-Manuel.

« plus fort que moi, et toujours il m'a étonné par
« son érudition, sa conservation suivie. Je me suis
« demandé bien souvent pourquoi et comment il
« était là, et si vous saviez dans quel milieu ! ...
« Je lui avais conseillé d'éviter de se laisser aller à
« des démonstrations religieuses en public. Il est
« d'une délicatesse de conscience extrême, j'ai fait
« de mon mieux pour le rassurer, et le tranquilliser.
« Vous faites bien de chercher à le sortir de là, sinon
« il est perdu à tout jamais. N'y aurait-il pas quel-
« que intrigue dans son internement, pour des rai-
« sons de famille ou autres comme cela arrive trop
« souvent ? »

En sortant de la rue Frileuse à Gentilly où demeurait l'abbé Caqueret, Mr. et Mme Delannoy se
rendirent tout de suite auprès du directeur de Bicêtre et formulèrent une demande officielle pour
que Germain Nouveau fut mis en liberté.

Huit jours après, le médecin chef ne s'y étant pas
opposé, la porte de l'asile s'ouvrit définitivement.

Le poète est libre : une joie surhumaine l'anime
et, allègre, il franchit pour toujours ce seuil détesté.

V

LA NOUVELLE AURORE

Charenton le Pont 11 Octobre 1891

« Ma chère Laurence, mon cher beau-frère, ré-
« jouissez-vous avec Mr. et Mme Delannoy et moi
« dans cette heureuse conjoncture. Surtout remer-
« cions Dieu. Nos excellents amis se sont conduits
« envers nous, et particulièrement envers moi, com-
« me de bons parents, bien bons, comme un frère
« aîné, comme un père envers son fils, son enfant.
« Dieu ne peut oublier une aussi bonne action; nous
« ne l'oublierons pas non plus, et nous efforcerons
« de leur prouver en toute occasion notre entière
« reconnaissance bien amicale. Donnez-moi de vos
« nouvelles, embrassez mes nièces pour moi, je vous
« embrasse du fond du cœur. Germain ».

17 Octobre 1891

« Ma chère Laurence, je t'écris auprès de Mr.

« Delannoy, dans son cabinet. Madame Delannoy
« est en train de faire un point à mon gilet; tu
« peux juger par ce détail des mille bontés que nos
« amis ont pour moi.

...« Nos excellents amis ont l'intention de s'ar-
« rêter à Rousset en allant à Nice. S'ils partent,
« comme ils le supposent, dimanche après-midi, tu
« peux voir à peu près quel jour ils arriveront, je
« suis très heureux de penser que vous serez tous
« réunis et je serai en pensée avec vous.

« Je ne t'ai pas donné de détails sur ma sortie de la
« triste maison de Bicêtre. Je te dirai seulement
« qu'il se rencontre bien peu d'amis comme Mr. et
« Mme Delannoy qui aient la pensée de réclamer
« un fou et qui réussissent du premier coup à le tirer
« de ce « lugubre séjour », lugubre n'est pas trop
« fort. Sans les consolations chrétiennes qui ne
« m'ont pas tout-à-fait manqué puisque je pouvais
« me confesser et communier, que serais-je devenu ?
« Nos amis, que tu verras, entreront avec toi dans
« les plus grands détails à ce sujet; bref le lundi,
« Mr. et Mme Delannoy voyaient le médecin et le
« samedi suivant, à la tombée de la nuit, ils sont
« venus tous deux me prendre, et je dînais, ce soir
« là, avec eux dans leur maison de Charenton le
« Pont.

« Depuis une semaine, ils me comblent de soins,
« et sont pour moi pleins de sollicitude ... Nos amis
« se préoccupent de tout ce qui regarde les soins
« matériels les plus pressants et sont sur ce chapitre
« d'une rigueur que je n'ai pas le courage de blâ-
« mer, ils sont si bons et m'ont été d'un si grand
« secours... Je suis triste à la pensée que je vais les
« quitter et ne les reverrai de longtemps, mais ma
« pensée les suivra partout ... et je ne cesserai ja-
« mais de prier bien fervemment Dieu pour leur
« bonheur. Je n'ai pas cessé à Bicêtre de penser à
« toi, dans mes prières, et de vous recommander
« tous, soir et matin, au Bienheureux Eusèbe, à
« l'abbé Silvy, Jules Silvy, nos sœurs Marie, notre
« frère Alphonse, nos tantes St. Bernard et Ste
« Agnès surtout. Je suppose qu'ils sont au ciel
« comme un cœur chrétien doit le supposer quand
« il s'agit de personnes comme celles-ci.

« ... Il est heureux pour nous d'avoir eu des
« parents si bons chrétiens, leurs prières ne nous
« font pas défaut à l'heure de l'affliction et du
« danger ... Recommande-moi, je te prie, aux bon-
« nes prières de nos tantes St. Louis et Thérèse
« que j'aimerai toujours en remerciant Dieu de nous
« avoir donné tant de protecteurs et de protectrices
« auprès de Lui. Ne m'oublie pas dans tes prières,

« non plus, et sache que, de mon côté, je ne t'ou-
« blierai jamais dans les miennes, ni toi, ni ton
« mari, ni tes filles que j'embrasse, bien amicale-
« ment ... Germain ».

. . . .

Après les tristes jours passés à Bicêtre, la maison
des Delannoy était le hâvre de grâces, l'oasis où
Germain Nouveau, rasséréné, songeait à l'avenir
en oubliant presque les terribles heures vécues. De
temps en temps, tel un malade qui, par miracle, ne
sent plus la douleur qui l'épuise, il murmurait :
« Est-ce possible, mon Dieu, est-ce possible ? ... »

Et, pour se persuader qu'il ne rêvait pas, il écrivait à « la petite sœur gentille » des lettres où son
âme exultait et remerciait.

Pour ses bons amis, si dévoués, auxquels il devait
plus que la vie, la liberté, il se montrait affectueux.
Ses résolutions s'affirmaient toujours pleines de
sens : « Rassurez Laurence, je me garderai bien de
« lui donner le moindre ennui et de recommencer
« ce qui m'a conduit à Bicêtre, c'est-à-dire de m'age-
« nouiller en public pour prier ... Je sais trop que
« si l'on sort difficilement de « la maison des fous »
« on y rentre beaucoup plus aisément » ...

Quant à ses projets; il a un métier, le mieux c'est
d'en vivre. Peintre, dessinateur, il travaillera. Il

réussit surtout la tête, il peindra des portraits, et ne sera pas difficile pour les prix. Ainsi, il brûle de se remettre joyeusement à l'ouvrage. L'essentiel ? Travailler. Quand on ne réussit pas, c'est qu'on ne veut rien faire. Peut-être ira-t-il en Belgique où les copies de peintures religieuses donnent de bons résultats ? Quoiqu'il en soit, il ne demandera pas un poste dans l'enseignement; on saurait tout de suite d'où il sort; on le surveillerait à chaque instant, et puis il ne serait plus libre de remplir ses devoirs religieux. Cela, il y tient; certains de ses confrères catholiques de l'Université de Paris, sont obligés, pour entendre la messe le dimanche, d'aller peureusement, comme cachés, dans une petite chapelle éloignée. Il ne consentira jamais à se conduire ainsi, car il ne peut admettre cette pusillanimité.

Lorsque Mr. Delannoy le presse de visiter ses amis, il répond qu'à part Léonce de Larmandie et de Ste Croix, il n'en possède pas d'autres que Léon Dierx qui vint une fois le voir à Bicêtre mais qui fut malade pendant huit jours de toute l'horreur entrevue chez les fous. Il le visitera cependant pour le remercier de ses démarches heureuses au ministère dont le résultat est une somme de 800 Frs. accordée à l'ancien professeur de Janson de Sailly.

En attendant l'heure du prochain départ de Mr.

et Mme Delannoy, Germain se préoccupait d'un gîte. Sur les indications du Père Philippe, capucin, qu'il voyait souvent, il logeait dix jours après sa sortie de Bicêtre dans un petit hôtel de la Rue Nicolle au quartier du Val de Grâce. Il y reste peu, part pour Bruxelles où il demeure, 63 rue aux choux, ne réussit pas à obtenir du travail et songe à passer en Angleterre. Tout en vivant comme un pauvre, il soigne particulièrement sa mise toujours décente et correcte; sa propreté méticuleuse exige des ablutions répétées qu'il décrit avec complaisance dans une lettre à sa sœur. Il visite, le matin, une église et tâche d'assister à la messe. Ses prières dites — elles sont en vers composés par lui — s'il n'a pas de courses à faire, s'il ne dessine pas, il lit, et toujours les mêmes livres. Aucun journal, rien autre que la Bible et l'Evangile. « On peut les relire con- « tinuellement, on croit les lire pour la première « fois tant il y a de choses qu'on n'avait pas remar- « quées ». Et il ajoute : « En as-tu un d'Evan- « gile ? ... Si tu en as un, tu as tout ce qu'il faut, « et si tu ne le lis pas, tu es privée de toute espèce « de consolations sur cette terre ».

Il invoque aussi St. Labre qu'il considère comme un des plus grands et des plus beaux saints de l'Eglise Catholique :

« Quel saint ! Quelle force ! Quelle puissance !
« On entre, à Amettes, dans sa maison — une
« grande maison de cultivateur — comme dans un
« moulin. C'est la seule maison de France comme
« ça. J'y priais bien des fois au crépuscule. Je me
« demandais si j'aurais le courage d'y passer la
« nuit ... Je disais : St. Labre ayez pitié de moi !
« St. Labre intercédez pour moi ! ... Quels êtres
« que les hommes de péché ! Nous croyons à peine
« aux saints, et qu'une circonstance comme celle-
« là se présente, nous avons peur de les voir ...
« Nous ne pourrions supporter seulement la vue
« de leurs sandales et nous demandons à voir
« Dieu ! ... »

Suivre ce saint à la trace ?.. Plus tard, plus tard
quand il aura la force; il songe d'abord à la Poésie;
son grand poème catholique « La doctrine de l'A-
mour » pourrait amener des âmes à l'Eglise, mais
des corrections nécessaires s'imposent. Il craint que
Léonce de Larmandie qui possède un de ses manuscrits ne publie l'œuvre sans avertissement préalable.
En attendant des nouvelles à ce sujet, plus précises,
il demande à Laurence de lui envoyer ses titres uni-
versitaires, pour se placer à Londres dans une in-
stitution, au pair, tel, jadis, Verlaine, ce qui lui
permettra d'apprendre l'anglais et de patienter pour

que ses dessins paraissent dans des journaux d'Outre-Manche.

Dès Novembre 1892, Nouveau est à Londres. Il demande encore à sa sœur des nouvelles de son manuscrit : il aimerait revoir ses vers avec elle pour les envoyer ensuite à Vanier susceptible de les éditer. D'ailleurs il s'occupe d'un nouveau poème dont dix-huit strophes terminées s'imprimeront sous peu à Londres. Il pense aussi à un livre d'un genre particulier dont le titre sera en anglais : « Religious Life ». Il travaille joyeusement quand il ne prie pas fervemment.

Un ami des jours anciens, Bivar, « *bien que connaissant son affaire* » (allusion à Bicêtre) s'emploie à lui procurer une place. En Décembre voilà le Poète à Ealing dans un collège. Et Germain redouble de précautions : il ne donne plus son adresse qu'à bon escient, change de nom, ne s'appelle plus que Bernard-Marie, à Ealing, « chose facilement explicable par la mode chez les peintres et les dessinateurs de signer avec des pseudonymes » Puisque Bivar, qui habite Londres, connait sa triste odyssée, son séjour chez les fous, on doit éviter à tout prix de divulguer cette tare. Nouveau n'oublie pas ses amis de France; dans une de ses lettres, aux bons souvenirs qu'il leur envoie par l'intermédiaire de Laurence, il ajoute :

« Pour Dierx qui a le Catholicisme en horreur
« mes lettres ne doivent pas être de bon goût ou de
« son goût. Voyant l'état de mon esprit qu'il prend
« pour *un état mental*, il ne trouve plus rien à me
« dire ... Ah ! comme avec les yeux et la mentalité
« du Chrétien, on voit clairement la vanité de tou-
« tes choses ! Que faisons-nous dans le monde,
« quelle multitude de péchés tous les jours ! Usages,
« préjugés, politesse du monde ! ... Le monde est
« irrémédiablement condamné. — Ce n'est pas le
« monde et son esprit de vengeance qui nous jugera,
« c'est lui, au contraire, qui sera jugé. Aime-moi
« chrétiennement... »

Il donne aussi des nouvelles de sa précaire santé :
« J'ai eu une attaque de rhumatisme aux doigts qui
« n'est pas encore passée. J'étais alors sans un sou,
« dans une chambre humide, mes chaussettes de
« laine me servaient de gants « *pour aller dans le*
« *monde* ». J'ai voulu jouer avec l'eau de Londres
« comme avec celle de France et de Belgique, mais
« l'Ondine de ces pays-ci m'a puni de ma témé-
« rité.. »

Ealing, aux environs de Londres ne possédait pas
d'église catholique, mais seulement une chapelle à
vingt minutes de marche, à Acton. *Bernard-Marie*
y assiste aux offices tous les dimanches et autant

qu'il le peut en semaine. Ses deux compagnons de chambre, quoique schismatiques, l'édifient par leur piété; ces grands anglais de vingt ans prient soir et matin à genoux au pied de leurs lits, et, admirant cette ferveur, il constate que « les protestants sont plus religieux que nous. Au réfectoire, pendant le Benedicite, toutes les têtes d'enfants s'inclinent ... »

Dans ce collège, la vie pour le professeur de dessin est dure; en somme sa détresse cachée sous des dehors corrects, devient une profonde misère. Laurence écrit des lettres affectueuses. Mais il ne se rend pas aux raisons qu'elle invoque : Retourner à Paris ? Plus tard. Revoir ses amis ? A quoi bon. Un calomniateur insinua, jadis, à Nouveau qu'il avait trop abusé, avant son séjour à Bicêtre, de l'hospitalité de Léon Dierx; depuis une sorte de méfiance l'éloigne de tous ceux qui s'intéressent à sa triste situation. Sa sœur lui envoie une lettre de Dierx qui rassure sa conscience délicate : « Je ne sais quel « est le maladroit qui a pu dire à Nouveau qu'il « avait abusé de mon amitié. Je n'ai cessé au con- « traire, jusque dans les derniers temps, quand je « rencontrais notre ami de lui offrir un logement « chez moi. Loin de me gêner, il était pour moi un « très agréable compagnon. Je m'explique main- « tenant pourquoi il semblait s'écarter. C'était sim-

« plement la réserve d'une délicatesse blessée. [1]
« Quand vous le reverrez, je vous serais reconnais-
« sant de lui dire qu'il a eu tort de croire.. à cet
« absurde propos et que je serais très heureux de
« mettre encore une chambre à sa disposition ...
« Qu'il soit bien assuré de me faire en acceptant le
« plus grand plaisir... »

Malgré ces témoignages d'amitié, Germain Nouveau reste encore quelque temps à Ealing. Il est si
pauvre qu'il écrit à sa sœur : « Trouve à mes si-
« lences de bonnes raisons. Il en est une dans les
« psaumes : Mendicus sum et pauper ».

En Avril 1892, il retourne à Bruxelles; il loge rue
de la Querelle; mais il ne croit pas, malgré ses recherches incessantes, obtenir une situation convena-
ble. Il n'y avait qu'un pays où il pouvait vivre en
restant dans le monde, c'était l'Angleterre, et il
s'en fallut de bien peu qu'il réussit. Il regrette Londres et les Anglais beaucoup plus hospitaliers que
n'importe quel peuple et surtout bons pour les pauvres. Il ne pense plus à ses poèmes catholiques dont
il n'obtient le manuscrit ni de Ste Croix, ni de Larmandie. Il en fait son deuil et souhaite que ces poèmes soient bien anéantis, disparus, abolis, de peur

---

(1) Lettre de Léon Dierx à A. Delannoy, du 31 Octobre
1891.

qu'il ne prenne à quelqu'un la fantaisie de les éditer sans les corrections nécessaires. En attendant, que devenir ?... Peut-être entrera-t-il dans un couvent, si on veut de lui, même comme frère lai ? ... ou bien rejoindra-t-il la mission de Mgr. Lavigerie ?... Comment vivre selon ses rêves ?... Les temps deviennent difficiles pour les pauvres: « La pauvreté, « cette vertu de Notre Seigneur, cette vocation de « St. Labre sont aujourd'hui punis de la prison « en Europe ».

St. Labre ?... Aller par les chemins, visiter les grands pélerinages, tous les sanctuaires de Marie, honorer Jésus dans ses tabernacles en France, en Espagne, en Italie, en Suisse ? Vivre en mendiant, humble, détaché des biens du monde... Pourquoi pas ?...

Ah ! Saint-Labre ! Prodigieux vagabond ! Est-ce vous qui inspirez le pauvre Poète ? Vocation lumineuse et pure, enflammée de l'amour du Christ. Existence splendide, libre et magnifique !...

Voilà, certes, la nouvelle aurore, l'aurore de la vraie vie.

*
* *

Mais pour réaliser cette vie errante et superbe,

il faut amasser le courage utile. Des liens trop forts attachent encore Germain Nouveau à la terre. Il se mortifie, exècre cette chair de boue qu'il sent frémir aux occasions trop proches encore; la force de rompre définitivement avec le travail régulier lui manque. Toute une caste de bourgeoisie ancestrale, s'agite en son cœur : habitudes, usages, fiertés, amour-propre, bien que méprisés, s'imposent à cet homme avide d'idéal, et chantent haut leur puissance. Tendre la main ! Ne plus être qu'un mendiant ! Mendier !... Les chers visages de ses deux grands-pères s'évoquent alors à son esprit. N'est-ce pas le vieux Nouveau qui disait à son petit-fils : « Travailler, voilà le lot de chacun. Un métier, Germain, un bon métier, et tu vivras comme un roi, libre d'âme et de corps ». Dérision ! Le métier de peintre, voire celui de littérateur ne nourrit pas son homme. N'est-ce pas Paul Silvy, le grand-père maternel au fin sourire, dont toute la vie de probité fière protestait contre les paresseux, les inutiles et les malchanceux qui ne doivent leurs malheurs, en général, qu'à eux-mêmes ?...

Puis, les souvenirs plus tendres accouraient : Germain, tout enfant, s'effrayait, un jour, devant un de ces loqueteux, coureurs de routes, auxquels « la petite mère Augustine Nouveau » si charitable, donnait quelques sous en disant tout bas à son fils : « Il faut de la pitié pour les malheureux, « vois comme celui-ci paraît triste et malade; aime « les pauvres, mon Germain. Qui sait ce que Dieu « nous réserve dans la vie ? Qui sait si tu ne de- « viendras pas plus tard — ce qu'à Dieu ne plaise « semblable à un de ces porteurs de guenilles ! »

Paroles prophétiques, en vérité, si Germain avait la force de rompre pour toujours avec l'existence normale; il ne l'a pas, car il reste assez longtemps à Bruxelles, vivant de peu, grâce aux secours envoyés par le ministre de l'Instruction publique, ou par Laurence, désolée de savoir son frère si malheureux. Et il s'écoulera cinq années avant qu'il se décide à imiter complètement l'humble des humbles, Saint Benoit Joseph Labre.

On revoit Nouveau à Paris, dans un profond état de misère. Bientôt il couche sous les ponts. Il grelotte dans ses vêtements trop légers, se nourrit de détritus puisés aux poubelles, car il n'ose pas mendier encore. Quand ses amis lui demandent comment il s'arrange pour vivre, il répond : « C'est étonnant ce qu'on trouve de bonnes choses à manger dans les tas d'ordures ».

Parmi les refuges de misère qu'il choisit, d'abominables promiscuités l'effarent; des individus louches le coudoient et blessent de leurs affreux blasphèmes sa politesse si chrétienne.

Apprentissage horrible de la pauvreté ! Humilité profonde et victorieuse !... Un peu plus tard, Nouveau entrera comme postulant à la trappe de Staouëli, près d'Alger. Pourquoi si loin ? Sans doute pour qu'on ignore à tout jamais la triste aventure de Bicêtre. Après les pénibles jours de Paris, c'est le calme, dans cette solitude où les frères travaillent la terre, distillent le géranium odorant et où l'on prie en silence. Ce repos apaisant dure peu. Le prieur s'aperçoit que cet extraordinaire postulant, acquerrait de grands mérites ailleurs qu'à la Trappe, et il lui conseille de repartir pour la France.

Après quelques jours passés près des siens, « le pauvre Bénédict » — c'est le pseudonyme qu'il a choisi — est de retour à Paris. Sur les conseils de ses amis, il demande et obtient un poste de professeur de dessin. On le nomme au Collège de Falaise. Il y arrive le 1er Octobre 1897, visite le Principal, qui lui indique ses heures de service. Mais la modicité des appointements, cent francs par mois, devient un des obstacles devant lequel Nouveau hésite. Que faire avec si peu d'argent ? Comment s'assurer d'une pension, d'une chambre, posséder du linge propre, des vêtements corrects avec trois francs trente trois centimes par jour ? D'autre part, ce pays doit être pire que Bourgoin ou Remiremont pour les potins et les cancans, comment, dès lors, aller à l'Eglise pour prier tous les matins, au milieu de gens trop curieux ou hostiles, qui renseigneraient aussitôt les supérieurs anticléricaux et laïques? Non, non, mieux vaut retourner à Paris, et, de là, gagner la Provence. A Dieu vat ! Germain s'arrangera toujours !... Il part le soir même, refuse ce poste ridicule et démissionne une fois pour toutes.

A Aix, où il se réfugie, il cherche des leçons, présente ses titres de « licencié ès-lettres et ès-arts », obtient d'enseigner le grec, l'italien, le latin, la peinture, le dessin et l'anglais. Mais ces leçons, peu payées, suffisent à peine à lui procurer le nécessaire pour vivre. Quelques parents et amis de jeunesse le reçoivent avec plaisir, notamment son cousin Clément Silvy et l'avoué Ducros qui aime la peinture et l'invite à peindre dans son atelier de la place des Marronniers pour lui acheter ensuite ses aquarelles cinq ou dix francs.

Quelques visites à Rousset pour revoir Laurence, ou à Pourrières, mais « la petite sœur gentille », très inquiète de la vie hâchée qu'il mène, le sermonne trop bien et l'excède par son amour prudent de demi-mère; elle ne le comprend pas, ou plutôt a peur de trop le comprendre.

VI

LA VIE ERRANTE

ET, tout à coup, le voilà chemineau volontaire sur les routes, l'esprit libre, accomplissant un grand pélerinage à St. Jacques de Compostelle. Depuis plusieurs années, il songeait à parcourir, sous le sac et la corde, les chemins jadis sillonnés par Benoit Labre « le beau saint » qu'il aimait d'un profond et durable amour.

La vie de l'*Ange d'Amettes* s'imposait à lui comme la plus haute expression de l'humilité, de la perfection, il en connaissait les moindres détails. Il trouvait des encouragements décisifs en méditant l'Evangile et l'Imitation : « Inquiétez-vous peu qui « est pour vous ou contre vous; mais prenez soin « que Dieu soit avec vous en tout ce que vous fai- « tes... Quelque affront qu'il reçoive, l'humble vit

« encore en paix parce qu'il s'appuie sur Dieu et
« non sur le monde ... »

Dès lors, il ne s'appelle plus Germain Nouveau
mais Bénédict, puis Humilis. — Il vit de peu, six
sous par jour lui suffisent. Tout ce qu'il reçoit ou
gagne au dessus de cette somme, il le distribue à de
plus pauvres que lui, et il dit souvent: L'ennuyeux
c'est que pour vivre il faut un « minimum ».

Le cher modèle avait connu les mêmes difficultés,
mais lui, « pauvre pécheur que Dieu pousse », par-
viendrait-il à visiter les sanctuaires vénérés par St.
Labre?... Mariastein en Allemagne, Notre Dame des
Epis en Alsace, Notre Dame d'Einsieldeln en Suisse,
St. Nicolas en Lorraine, La Louvèsc, Soleure, Four-
vières, Notre Dame de Liesse, Paray-le-Monial, St.
Nicolas de Myre à Bari. Pourrait-il aller au Mont
Gargan, au mont Cassin, et prier à Lorette, Rome,
Assise?... Tout au moins, il essayera de gagner
St. Jacques de Compostelle par le chemin des éco-
liers, en passant par la Normandie, la Bretagne, la
Vendée, les Landes; il visitera les pélerinages de
Manrèze, de Montserrat, de Notre Dame du Pilier
à Saragosse, et du Crucifix miraculeux de Burgos.

Puis, revenant par le littoral de la Méditerranée,
il passera en pays provençal afin de vénérer les reli-

ques de Ste Marie-Magdeleine à la Ste Baume pour, de là, visiter l'Italie. Projets grandioses, magnifiques, réalisés non sans peine, ni suivis à la lettre, mais qui, toujours, demandaient beaucoup de marches, d'arrêts et de retours pendant lesquels s'écouleront près de dix années.

Tout d'abord, au début, une sensation d'allègement transportait le pélerin. Aucune comparaison n'était possible avec la vie qu'il commençait sur les routes et celle menée à Paris, aux dernières limites de la misère. Il oubliait les épreuves des mauvais jours : l'abjection des asiles de nuit, les distributions de soupe à la porte des couvents parmi les ricanements étouffés d'une pègre ignare, les repos sous les ponts ou dans le réduit des vespasiennes, l'atmosphère des bouges « pour deux ou trois sous la nuictée ».

Au contraire, l'air et l'espace enivraient le Poète qui marchait, très allègre, sur les routes conduisant à Dieu. Car le sanctuaire était le but; lieux saints, chapelles, églises, oasis rêvées pour rafraichir l'âme, puiser l'énergie nécessaire à l'observance de la règle quotidienne.

Ivresse de l'homme heureux de ce détachement héroïque !... Certes, le pélerin devait compter avec l'imprévu de la route, les mauvaises rencontres, les fermes inhospitalières où les chiens jappent et mordent. Il devait s'habituer, peu à peu, suivant les saisons, aux chaleurs accablantes, aux froids durs, à la neige et surtout à la pluie inattendue qui fouette le visage et trempe jusqu'aux os. Belle occasion alors de railler la situation difficile causée par un déluge momentané :

— Bois sans soif, mon vieux Germain, voilà qui vaut mieux que les chopines, l'ale et le bitter de Londres. —

Et puis il y avait ... les gendarmes. Jamais les mêmes, évidemment, mais toujours indiscrets, fureteurs : braves gens au fond qu'Humilis aimait assez à interloquer par de spirituelles réparties. Quand, malgré ses explications, ils le conduisaient à la proche gendarmerie, son discours ne variait guère :

— Pourquoi m'arrêtez-vous ? Je vis tranquille : je ne maraude pas; s'il me plaît d'accomplir un pélerinage à pied à St. Jacques de Compostelle, en quoi l'autorité que vous représentez si bien y trouve-t-elle à redire ? Voyez l'oiseau, il est libre, va, vient, vole où bon lui semble. Il a des ailes, oui, mais j'en ai aussi; elles sont quoiqu'invisibles, bien embarrassantes parfois, car, estimables gendarmes, vous ignorez que

> Le poëte est semblable aux princes des nuées,
> Ses ailes de géant l'empêchent de marcher. .

Ou bien, Humilis ahurissait le brigadier et son inévitable acolyte par des exclamations imprévues : « Ne bougez pas ! Gendarmes, ne bougez pas ! Laissez moi prendre du papier et un crayon dans mon sac et en cinq minutes, je vous offrirai votre portrait sans qu'il vous en coute plus de cinquante centimes !... »

Que de fois les gendarmes vaincus et charmés acceptaient de poser devant lui, à sa grande joie ironique et goguenarde.

Mais la frontière franchie, les difficultés apparaissaient bien différentes, presque insurmontables. Personne ne croyait aux dires de ce pélerin d'un autre âge. Parvenir à Santiago de Compostelle pour vénérer les ossements de St. Jacques le Majeur en mendiant le long de la route, accomplir à pied, entre l'aller et le retour, cinq cents lieues dans ce pays inconnu sans bien connaitre la langue espagnole, c'était s'exposer à des injures, de terribles épreuves, et à l'arrestation presque journalière.

Aussi, Humilis regrettait l'Espagne d'autrefois, lorsque Compostelle attirait des multitudes. Car, au moyen-âge, l'enthousiasme français organisait de longues caravanes qui se dirigeaient par Conques vers Santiago, lieu célèbre dans tout l'Occident à l'égal de Rome et de Jérusalem ; à cette époque le mendiant pélerin était la figure même du Christ ; aimé, reçu, vénéré, compris le « pauvre » accomplissait plus aisément ses marches courageuses. Mais ce pélerin égaré de nos jours sur les chemins de l'Espagne méfiante, craignait à chaque instant l'apostrophe habituelle de la maréchaussée :

— Etranger, où allez-vous ?...

Les certificats d'indigence, les formules polies, les protestations de loyalisme servaient moins que rien :

— Vous ? à Santiago de Compostelle ? par la route, en mendiant ? Ho ! Ho ! Bonne prise, voilà un gaillard dangereux.

De là, à considérer le malheureux Humilis comme un anarchiste capable de tous les crimes, en cette époque troublée par les émules de Ravachol, il n'y avait qu'un pas, vite franchi d'ailleurs. Et l'internement suivait pour de longues et fastidieuses semaines, jusqu'à l'heure où, cette extraordinaire qualité de pélerin reconnue, les portes de la prison s'ouvraient enfin. Quelquefois, aux dépôts de mendicité, on s'occupait un peu trop du relèvement moral et physique des vagabonds : Humilis qui, d'ordinaire, ne mangeait que du pain sec et qui avait juré de coucher toute sa vie sur le sol nu, devait prendre part à des agapes charitables et — horreur — coucher dans un lit, sous peine d'une prolongation d'emprisonnement. Il ne s'y résignait pas sans maugréer.

Racontant le fait, beaucoup plus tard, à son ami Delahaye, il dira, navré de cette infraction à sa règle :

— Et quels lits, mon cher, des lits moelleux, des lits douillets, des lits ... comme pour une femme en couches !...

Cependant, malgré ces retards, le pélerin marchait à lentes, mais sûres journées; humble et résigné, il trouvait la joie au fond des épreuves inévitables. Du reste les compensations ne manquaient pas : son âme d'artiste et de poète frémissait à la vue des merveilles rencontrées sur le chemin de pénitence ! A Burgos, la Cathédrale Santa Maria ciselée comme un bijou précieux : flèches dentelées, hautes tours, portes splendides, dôme fouillé de sculptures, flanqué de pinacles, nefs immenses agrandies par la chapelle del Condestable; à Léon, le monastère de San Marcos, fondé par les chevaliers de St. Jacques et la cathédrale gothique du XIIIme siècle; à Pontevedra, l'Eglise Santa Maria la Mayor avec sa tour de cent pieds de haut...

Partout d'innombrables vestiges de l'art français ogival ravissent le cœur et les yeux. Mais Humilis aime surtout, plus que les églises monumentales, revêtues d'azulejos, pastichées de flamand et de mauresque, les pauvres chapelles isolées, les « ermitas » où prient les rudes paysans de Vieille Castille et de Galice.

Là, loin des regards indiscrets, il s'agenouille, les bras en croix, et se livre tout entier au bonheur qu'il éprouve : la pauvreté des murs et de l'autel le séduit, parce que ces ornements si simples atteignent les sources mêmes de la primitive splendeur chrétienne. L'indigence vue à travers les préceptes évangéliques est une joie vivante pour cette âme éprise de beauté.

Lorsque, par hasard, le chapelain interroge Humilis et lui demande d'où il vient, la réponse, quoique douce et polie, résonne comme une fanfare héroïque :

— De Francia, padre.

De France, à pied, sans un sou, est-ce possible ? Le

plus souvent, le chapelain s'éloigne, vite détourné de ce mendiant qu'il prend pour un imposteur.

Parfois aussi, un pain, quelques réaux, une bénédiction réconfortent le pélerin.

Mais pour arriver à l'extrémité de la péninsule, à Vigo à Pontevedra, il faut traverser des régions bien différentes : en « meseta », les torrides plateaux de Vieille Castille, sillonnés de ruisseaux impétueux rendent la marche pénible à la saison des pluies parmi les sentiers enchevêtrés de rocailles, de gravats et de sel; en Galice accidentée au climat salubre, la vie est plus facile, non pas que les chemins deviennent meilleurs pour les pieds nus, mais les bois magnifiques, les prairies somptueuses abondent.

Enfin, après de longs jours, les premières maisons de Santiago apparaissaient; au lieu même où les pélerins français d'autrefois se prosternaient à la vue de la ville sainte, Humilis s'agenouillait dans la poussière.

Compostelle ! Le champ de l'Etoile ! l'étoile miraculeuse qui, au IXme siècle, fit découvrir à l'évêque d'Iria Flavia, la crypte où reposait la dépouille de St. Jacques enfouie sous les broussailles depuis la persécution de Dioclétien !

Avec sa ceinture de collines, Santiago, au pied du mont Pedroso, revêt pour le pélerin passionné la splendeur de Jérusalem.

Ce vœu extraordinaire : aller à Compostelle, à pied, par les chemins, en ne vivant que d'aumônes, ce vœu, cher à Benoit Labre, cette idée de pénitence d'abord très incertaine qui germe, se développe, grandit, et s'impose ensuite comme le *Centre* vers lequel convergent toutes les aspirations ferventes, ce vœu de fou, ou plutôt de saint, était accompli.

Ah ! qu'importe à présent le difficile retour ! Qu'importent les lignes vulgaires, le décor trop XVIIIme siècle de la Cathédrale de Santiago ! Vite, les remerciements, les actions de grâces, les mots d'amour devant la chapelle de la Virgen de la Soledad, la Vierge de la Solitude dont les sept glaives douloureux ressemblent aux rayons d'une étoile embrasée.

O ! Vierge ! Benoit Labre contempla cette image! Il a vénéré ce sanctuaire, pleuré près des saintes reliques, et, comme lui, le pauvre Humilis s'exalte dans la crypte sombre où reposent les ossements de St. Jacques, fils de Zébédée, et la tête de St Jacques le Mineur :

> Précieuse est devant l'Eternel
> La mort de ses Saints . . .
> O Dieu, je suis ton serviteur
> Tu as rompu mes liens . . .

Je rendrai mes vœux au Seigneur

En présence de tout son peuple,

Dans les parvis de la maison divine,

Au milieu de toi, Jérusalem ! . . . . .

***

Après quelques jours de repos et de ferveur dans la ville de son vœu, Humilis reprit le chemin de France.

En Castille où il arrivait, quelques semaines plus tard, exténué de marches très dures, les gendarmes l'arrêtèrent et le conduisirent dans un couvent-prison de Madrid. Il y resta longtemps. Un matin, on s'était aperçu, après la messe, qu'il lisait à livre ouvert dans le bréviaire de l'aumônier, et on redoubla de vigilance : un vagabond connaissant l'anglais, l'italien, le français, le grec, le latin et même l'espagnol, ne pouvait être qu'un dangereux anarchiste.

Jeté dans un cul-de-basse-fosse, il languissait sans se plaindre, jusqu'à ce que le confesseur des prisonniers auquel il raconta son histoire, obtint, avec sa libération, la promesse qu'il resterait quelques jours parmi les moines, excellent moyen de refaire une santé ébranlée.

Mais tout de suite, Humilis estima l'ordinaire

monastique beaucoup trop substantiel pour des religieux, et ne manqua pas de leur reprocher cette infraction à la règle de sainte pauvreté. On mit immédiatement à la porte ce réformateur occasionnel aux idées intempestives qui se dirigea vers Saragosse, où il parvint peu après pour vénérer la statue de Notre Dame du Pilier.

La Cathédrale avec ses dix coupoles revêtues d'azulejos étincelants, son dôme et ses tours monumentales, enchâsse, dans une splendeur intérieure inouïe de bronze, d'argent, d'or et de pierres précieuses, la statue que déposa St. Jacques sur un pilier de marbre, il y a près de deux mille ans.

Cette statue de la Virgen del Pilar, toute noire, enveloppée d'une somptueuse robe aux plis raides, s'érige sous un baldaquin plaqué d'argent et la pénombre de cette camarin [1] ravissait Humilis.

Ah ! sur le chemin du retour combien en a-t-il contemplé de ces Vierges émouvantes, drapées d'étoffes d'or ! Combien égrena-t-il de chapelets devant les statues de « Nuestra Dama », dans les pauvres chapelles, innombrables, de Castille et de Catalogne !...

---

(1) — Lieu où repose une statue de saint.

Mais la France, le pays bien aimé, se rapprochait. Le pélerin arrivait bientôt à Lerida puis au monastère de Notre Dame de Suffrage, près de Tarrega.

Là, il eut la joie de rencontrer des religieux expulsés de France, dont le Père Marie-Xavier était le prieur et il sympathisa surtout avec un certain Père Marie-Bernard qui l'accueillit avec bonté.

Ces cisterciens suivaient une règle si dure qu'à plusieurs reprises, des Espagnols, désireux d'entrer comme novices dans leur couvent, ne purent y demeurer; on dit même qu'un de ces postulants se retira sur cette phrase découragée : « L'ordinaire ici ne serait même pas bon pour des chiens ».

Cette règle ascétique plût à Humilis qui resta quelques jours parmi ces pères si hospitaliers : la chapelle de Notre Dame de Suffrage, la ferme où travaillaient les religieux, les coteaux boisés et fertiles, la frugalité des repas, les chants liturgiques, les heures d'oraison, tout charmait le pionnier vaillant qui venait d'accomplir cinq cents lieues à pied, dans des conditions nulles d'hygiène et de bien être. Mais il ne jouit pas longtemps de ce repos délicieux. Après une visite au Montserrat, chez les religieux bénédictins, il rentra, par Barcelone, en France.

Il rapportait de son voyage une désillusion assez forte sur la ferveur des Espagnols; si bien qu'il dira

à Ernest Delahaye [1] en lui offrant quelques années plus tard, une médaille finement gravée : ...
« Après tout les Espagnols n'ont pu m'empêcher
« de ramasser sur leurs chemins des médailles nom-
« breuses, car ils en perdent beaucoup, en dansant,
« je pense, ou en sautant à bas de leurs mulets ...
« toutes n'ont pas le même valeur de sainteté, il y a
« médaille et médaille : celle-ci est des meilleures ...
« Les médailles ont une efficacité certaine. En avoir
« sur soi est un hommage au Créateur, par l'intermé-
« diaire d'un signe pieux toujours présent. Mais si
« elles sont d'un art scrupuleux, tu peux évidem-
« ment leur attribuer un pouvoir supérieur. J'aime
« à prier devant les statues des saints; ma confiance
« est plus assurée devant une statue bien faite... »

De Marseille, où il séjourne quelques jours, il part
pour la Ste Baume et se dirige ensuite vers Aix, le
point d'attache, la ville préférée.

Ainsi il traverse Rousset, sac sur l'épaule, bâton
en main. Près de la maison Manuel, il contourne
l'enclos; sa sœur Laurence devine quel est cet homme en haillons, elle rentre chez elle, bouleversée, à
demi-morte.

L'a-t-il aperçue à travers les colonnes blanches,

------

(1) Article d'Ernest Delahaye, dans « Le Beffroi d'Arras »
22 Mai 1925.

sous les géraniums et les lierres ?... Interprète-t-il cette fuite éperdue comme un blâme ?...

Rapide coup d'œil au jardin plein de fleurs et de chants, dandinement des épaules qui semble refuser la joie enclose parmi ces parfums, cette paix de la terrasse ombragée, cette tendresse que les murs dissimulent, et il passe, narguant le monde, dédaigneux du bonheur entrevu.

Dans la maison, la petite Marie-Louise essaye de rassurer sa mère : le saisissement de la pauvre femme est si profond qu'elle croit en mourir.

Plus tard, Laurence songe encore au pélerin disparu; elle note ces vers, qu'elle n'achèvera pas, d'une main qui tremble au souvenir du frère tant aimé :

> La petite maison tout au bout du village,
> Au milieu de l'enclos dont le mur est si bas,
> Et qui tourne le dos au chemin ne sait pas
> Qui passe dans la nuit, en l'éternel voyage
> Du mal, comme du bien, sur la route, là-bas . . .
>
> . . . .
>
> Quand le vieux mendiant, dans la claire journée,
> Visiteur curieux, furtif en fait le tour,
> Sous les pommiers fleuris, clamant sur un ton sourd,
> L'histoire de sa vie errante, infortunée
> En faisant résonner le sol de son pas lourd . . . .
>
> . . . .

Puis, inspirée, par le regret de l'absent qui lui procure tant de tristesses et de larmes, elle dédie à ses filles ce poème, qui justifie l'appréciation admirative de Germain, dans sa jeunesse, sur le talent prestigieux de sa sœur : « C'est toi qui es le poète de la famille ».

> Si tu saignes de mille traits,
> Mais que ton cœur soit sans blessure,
> Ne te permets pas un murmure,
> Souffrir, sais-tu bien ce que c'est ?
> Tu ne sais pas. Et quand l'injure
> Te vient, lâche, de tous côtés
> Si ceux que ton cœur a portés
> Couvrent de leur main ta figure,
> Ne te permets pas un murmure
> Car cette offense est volupté.
>
> Si tu vas mourir solitaire,
> Pauvre et délaissé sur la terre,
> Ton rêve de joie avorté,
> Qu'un regard qui t'aime se penche
> Sur l'envol de ton âme blanche,
> Ta mort sera sérénité.

Lui, cependant, arrivait à Aix où il habita quelques mois Place de l'Archevêché, dans une chambre que loua pour lui son cousin devoué Clément Silvy. Mais la nostalgie de la route assaillait trop Humilis; il aimait cette vie errante et libre, si bien qu'il partait bientôt pour Paris où il rechercha ses manuscrits anciens, ses moindres vers, pour les anéantir par humilité.

Satisfait de cette œuvre expiatoire, le voici encore dans le Midi, allant et venant parmi les pélerinages célèbres jusqu'à Rome et Lorette, villes qui recevront, pendant dix ans, ses fidèles visites. Car, sur la route, les sanctuaires foisonnent. La piété populaire, naïve, débordante, entoure la mère du Christ d'une auréole de louanges; les vocables multipliés de la *Dame* affirment, qu'en tous pays, elle donne des preuves certaines de sa mission posthume. Elle est, pour ses dévots, la *Mère auxiliatrice* « Auxilium Christianorum », jamais vainement priée.

Dès lors, pour Humilis, vénérer la Vierge dans le plus grand nombre de ces lieux prédestinés, c'était l'aimer davantage. Si les invocations à Notre Dame des Epis, par exemple, s'ajoutent aux prières adressés à Notre Dame d'Einsieldeln, à Notre Dame de la Seds et à tant d'autres, les splendeurs de Marie s'exaltent de toutes les grâces obtenues sous chacune de ces innombrables appellations.

D'ailleurs le pélerin-mendiant n'oubliait aucune des chapelles qu'il rencontrait, élevée à la gloire des saints. Ces haltes pieuses le réconfortaient. Quoi de plus simple pour lui que d'aller s'agenouiller humblement dans la lumière rose de la petite chapelle provençale des Figons, où par faveur insigne, réside l'Eucharistie, et où s'érige la statue fruste en bois doré du « Pauvre sous l'Escalier », du modèle de St. Benoit Labre, le pouilleux St. Alexis ?...

Et plus loin, sur la route de Salon à Cavaillon, comment ne pas visiter le sanctuaire qui domine toute la vallée : Notre Dame de Beauregard ? On arrive à ce nid d'aigle par un chemin caillouteux terminé en escalier grimpant à travers les pins; deux oratoires sculptés du XIIIme siècle y représentent à demi-effacés, les Rois Mages et la fuite en Egypte. Il faut monter à travers les méandres du sentier pour éprouver tout le charme de la chapelle et de la terrasse ombragée. Ah ! comme Humilis obtenait là, et ailleurs en tant de lieux pareils, des compensations à sa vie misérable ! Que de points de vue splendides se révèlèrent à ses yeux : par exemple, il apercevait de ce promontoire les sinuosités ensablées de la Durance, les brumeuses collines de Mallemort; au loin le mont St. Jacques, le château ducal des Guise, le Ventour neigeux; tout en bas, presque à pic, le village d'Orgon, en forme allongée de guitare, que son Eglise aux contreforts puissants, à l'abside lourde, couronne; et, sur la terrasse, parmi les pins élancés, Humilis rêvait aux moines qui peuplèrent autrefois le couvent, tout près de la chapelle où sourit la statue de la Vierge. Cette image en bois, jetée à l'abîme par le cruel et rageur baron des Adrets, retrouvée intacte, sauf l'auriculaire de la main gauche brisé, est, depuis, vénérée par les fidèles catholiques de Provence. Une raison de plus pour le fervent admirateur de la Vierge de rester dans cette solitude incomparable... Mais plus loin, plus loin ... il y a Notre Dame de Lumières et la maison des Oblats de Marie. Un coup de reins ajuste le sac sur l'épaule, le chapelet s'enroule autour du poignet, le bâton s'assujettit dans la main droite et les kilomètres s'ajoutent aux kilomètres, jusqu'à la rencontre de ce sanctuaire béni, entouré d'un parc plein de promesses : jets d'eau frémissants, bassin où des rocs moussus semblent frissonner sous les remous, fraîcheur des vasques, ciel lumineux, silence des allées et surtout paix profonde dans la chapelle aux allures de cathédrale, dont la crypte à demi obscure accueille mystérieusement le pélerin.

A quatre jours de marche vers l'Est parmi les montagnes des Basses-Alpes, n'est-ce pas Humilis que rencontra, près des colonnes antiques de Riez, mon ami le chanoine Luquet qui se souvient toujours de cette entrevue extraordinaire ?...

— Il me demanda quelles étaient ces ruines, me dit le chanoine; en apprenant qu'elles soutenaient jadis un temple dédié à Apollon, ce mendiant parut grandir, sa tête magnifique se rejeta en arrière; les yeux brillants, le geste large, il murmura avec ferveur : Apollon ... Apollon ... et se mit à réciter des vers.

Mais Riez n'est qu'une halte sur la route de Moustiers; les gorges à travers lesquelles serpente le Collostre, une fois franchies, Allemagne et son château Renaissance dépassé, voici enfin Moustiers Ste Marie que surplombe l'antique chapelle de Notre Dame du Roc, à présent nommée Notre Dame de Beauvoir ou de Beauvezer.

Saint Labre, lui aussi était venu là, dans cette ville « Monstiers » du Monastère, bizarrement campée sur deux montagnes; il avait couché sous le porche de la vieille église paroissiale, admiré l'abside inclinée symbolisant la tête du Christ mort en croix, baisé les vénérables murailles, prié sous les voûtes du XIIme siècle dont les pilastres renflent à moitié de leur jet. Aussi quelle douceur ressentie en cette ville étrange et superbe ! Les maisons claires

s'y étalent au milieu de jardins agrestes, et les ponts
superposés dans l'échancrure des montagnes, semblent ouvrir leur courbe sur le feuillage même des
peupliers et des aubes. Un sentier abrupt, bordé par
les stations d'un vieux chemin de Croix, conduit au
sanctuaire de Notre Dame de Beauvoir devant lequel des cyprès balancent leurs cimes indomptées. À
l'intérieur, encore une statue de la Vierge au sourire
ineffable. Lieu saint où les miracles se succèdent depuis des siècles « nombreux et plus clairs que le
jour » :

Quam plura et luce clarius evidentissimi...

Exquise chapelle : l'auvent que soutiennent des colonnettes fragiles, repose sur leurs chapitaux fouil-
lés de sculptures, et l'arc surbaissé de l'abside affirme
la haute antiquité de ce sanctuaire fondé par St.
Maxime pour les moines de Lérins. Le beau portail
et la fenêtre ogivale à lancettes dut séduire Humilis
malgré le distique latin de l'entrée, capable d'éton-
ner un humaniste délicat :

> Belvisura vocor; diffundit lumina nomen
> Lumina nostra Petens, lumina nostra petat.

Mais le pieux errant s'éloigne bientôt de cette solitude, il reprend sa marche vers Draguignan; après

avoir vénéré les reliques de Ste Roseline, le voici chez des parents qui l'accueillent volontiers à Fréjus, où les souvenirs du modèle tant aimé ne manquaient pas; Benoit Labre exténué s'était évanoui de fatigue dans la boutique d'un barbier, Place de la Cathédrale, lequel soigna ses plaies dévorées de vermine.

Cependant Humilis ne s'attardait pas outre mesure : son cousin Léopold Silvy, notaire à St Raphaël, l'invitait fraternellement à passer quelques jours dans sa maison.

* *
* * *

> Enivre toi du long plaisir de voyager
> Que ta faim soit paisible et que ta soif soit pure,
> Bois à tout cœur ouvert, mange à toute âme mure......

On croit rêver lorsqu'on lit certaines lettres de Germain Nouveau : on les dirait calquées sur celles qu'écrivait St. Benoit Labre : même insouciance du lendemain, mêmes raisons données pour ne pas recevoir des nouvelles de ses parents et amis à cause de l'incertitude de l'itinéraire, et mêmes profonds désirs de passer inconnu. Tous deux n'indiquaient qu'un seul prénom ou un pseudonyme aux hôtelle-

ries où ils passaient la nuit. Sur les prières de ceux
qui les hébergeaient ils promettaient de résider plusieurs jours dans un village et quelques heures après,
ils se disposaient brusquement à continuer leur route. Tous deux manquaient d'esprit de suite.

Et de même qu'à Benoit Labre, on reprochait à
Humilis sa vie en apparence inutile. [1] Son cousin
Léopold essayait de le convaincre, sans aucun succès
du reste et ne s'attirait que cette réponse :

— Tu ferais un bon prédicateur ! . . .
Mais d'ordinaire, Germain écoutait et souriait sans
répondre. Qu'y avait-il dans ce sourire ?... Quelles
étaient ses pensées ? Pourquoi dédaignait-il de ré-
pliquer aux admonestations de ses amis, de ses
parents ?... Il ne lui déplaisait pas qu'on le jugeât
le dernier des hommes; il aimait cette mortification
du silence, A la lettre, il suivait la règle de l'abais-
sement volontaire que tous les affamés de Dieu
observent plus ou moins selon l'étendue de leurs

---

(1) « . . . . Cette persévérance malgré la volonté de la
« famille, semblait à plusieurs un entêtement coupable dont
« on ne pouvait se rendre compte et dont on cherchait la
« raison dans les plus mauvais instincts de la nature . . .
« On ne se faisait pas faute de reprocher à notre Bienheureux
« d'être à la charge de sa famille, de s'affranchir de tout
« travail commun, d'outrer l'Evangile, de se livrer à des ca-
« prices, de n'écouter que son goût pour l'oisivité . . . » Vie
de St Benoit Labre par Aubineau.

forces et l'avidité de leur âme. Les textes souvent répétés, appris par cœur, s'offraient naturellement à son esprit en ces moments pénibles et confirmaient tout son être dans cette voie de sacrifice : « Inquiétez-vous peu qui est pour vous ou contre « vous; mais prenez soin que Dieu soit avec vous « en tout ce que vous faites ... quelque affront « qu'il reçoive l'Humble vit encore en paix parce « qu'il s'appuie sur Dieu et non sur le monde. »

Une vie inutile ?... Mépriser les satisfactions humaines, s'assujettir à un genre de vie basé sur l'humilité, la chasteté, le sacrifice, la pauvreté, passer aux yeux de tous pour un incorrigible bohême, un paresseux invétéré, c'est vraiment — si l'on ajoute un apostolat fécond — se préparer de la joie éternelle, car les occasions se multiplient à chaque pas du pélerin. Il parle volontiers aux chemineaux, aux pauvres hères rencontrés sur la route; il essaye d'embaumer leurs souffrances. Parmi cette horde révoltée, la bonne parole peut germer et porter des fruits. Que de vagabonds épuisés d'épreuves, de mésaises, rongés de blasphèmes ! Que de malheureux à la recherche du pays de leurs rêves toujours entrevu et jamais atteint ! Humilis n'hésite devant aucune raillerie, aucune brutalité. Il parle doucement d'abord, presque timide; puis, peu à peu, sa voix

porte aux oreilles de ceux qui l'écoutent une espérance merveilleuse. Il connait sa force, il possède un
charme pour séduire, pour amener à lui les cœurs
les plus rebelles, et cet irrésistible vagabond qui
prêche mieux qu'un curé, touche de sa parole ardente les êtres auxquels il veut enseigner une autre
vie, éternellement heureuse ... Il dit ce qu'il faut
accomplir pour posséder cette vie future; à ceux
qui doutent, il explique l'énigme de l'existence, et
leur dévoile l'inconnu: le bien. Il les convertit souvent, les anime de sa foi et ne poursuit son chemin
que lorsqu'il sent que de ses paroles, un souvenir
vivace restera.

Mais quand il ne réussit pas tout de suite, quand
la réponse du trimardeur s'élève, persifle et raille :

— En attendant c'est-y-ton Dieu qui me lèvera
la faim aujourd'hui ?

Il répond, sans se troubler :

— Pourquoi pas ?

Et il fouille dans son bissac où voisinent Homère
et l'Evangile, le pain mendié, les sous péniblement
récoltés. Il met dans la main du pauvre stupéfait
les provisions et les gros sous, ne gardant pour lui-
même que quelques centimes ou, suivant le cas,
rien; puis il ajoute avec un sourire :

— Tu vois que mon Dieu est bon puisque je
t'ai rencontré.

Parfois, le pauvre hère secouru a quelques scru-
pules : — Mais, et toi ?

— Oh ! moi, j'ai mangé hier et ce matin; puis
je ne m'occupe jamais de l'avenir car Dieu est là !...

C'est ainsi qu'il gagne les cœurs farouches. Il
sait si bien prendre ces pauvres dont il connait la
misère et auxquels il manque un peu de tendresse;
s'il leur parle de la mort, il les entraîne à réfléchir
sur les buts de la vie. D'ailleurs les chers sanctuaires
se présentent, hospitaliers, tout le long du chemin :
il y entre, heureux d'y introduire quelque frère en
indigence. Et ce sont les poésies de « la Doctrine de
l'Amour » que le poète murmure devant les tabernacles.

Pour l'arracher à cette vie, il fallait toute la sollicitude affectueuse de son cousin Léopold Silvy auquel cependant il posa ses conditions :

— J'accepte de passer quelques jours chez toi;
je te préviens seulement que mon régime sera, matin
et soir, du pain, de l'eau, et des pâtes cuites sans
sel, sans beurre ni fromage.

Mr. Silvy accepta, pensant qu'une fois à table,
des mets recherchés trouveraient grâce devant les
habitudes de l'ascète. Il n'en fut rien. On posa régulièrement près de Germain des plats susceptibles
de le tenter : il semblait ne pas les voir, ou bien
disait avec un bon sourire :

— N'insiste pas, Léopold, tu me chagrinerais. Aujourd'hui pour te faire plaisir, je prendrai … oui, je prendrai une pincée de sel.

Couchant sur le sol nu de la chambre mise à sa disposition, il se levait la nuit pour se donner durement des coups de la discipline, armée de pointes de fer, qu'il portait autour des reins. Ses gémissements le trahirent.

Comme toutes les années, après quelques jours passés à St. Raphaël, il se dirigeait vers Rome, par Gênes, Pise, Florence, Assise; dessinant, peignant, mendiant, il y revenait toujours volontiers. Il n'oubliait pas la franche hospitalité de son cousin auquel il envoyait de curieuses lettres : Un de ses oncles ayant exigé qu'il lui indiquât une autre adresse que la Poste Restante, Germain écrit à Léopold : « Je ne parle pas de la condition que m'in-
« pose notre cher oncle; il ne sait pas, sans doute,
« qu'une chambre à Rome coûte au bas mot 25 à
« 30 Frs. par mois, et encore c'est une chambre en
« famille, au fond des appartements d'icelle, qu'il
« faut traverser sous le feu des regards; quant aux
« chambres *ingresso libero*, les prix n'en sont pas
« abordables, sinon aux misses anglaises qui font
« de l'aquarelle par ennui … Pour ceux qui, com-
« me moi, se logent aux petites auberges, la poste

« restante est beaucoup plus sûre : on évite ainsi
« l'insolence ou les tracasseries d'un hôtelier qui
« vous tient par les lettres. »

Son cousin lui répond aimablement et lui signale
certaines critiques entendues sur l'inutilité de cette
vie errante. Germain répond aussitôt : « L'essentiel
« est que vous me gardiez votre amitié et toi, ta
« protection morale. Ne te laisse pas circonvenir :
« n'écoute pas les sots, ce sont nos ennemis ou nos
« faux-amis, ou de faux catholiques; ils incriminent
« jusqu'à nos regards, un sourire ! S'ils ne nous
« attaquaient pas sur ce point, ils découvriraient
« un autre sujet de blâme et de critique. Ce sont
« toujours les mêmes qui pour un innocent jeu de
« mots vous enverraient à la guillotine. Ne deviens
« pas plus doux que je ne le suis ... »

Et il demande où en est de ses études le fils de
Léopold, le jeune Paul Silvy qui se destine au nota-
riat; il l'aime d'une tendre affection et voudrait, de
loin, le diriger « car beaucoup font leurs classes,
« peu font leurs « *humanités* » « il reprendra cet
« intéressant sujet s'il y a lieu plus tard : En atten-
« dant soyons notaire et professeur de dessin ! Ne
« sutor ultra crepidam ! Ne perdons pas trop de
« vue la terre, de peur d'avoir le sort d'Icare. »

Ses années de pélerinages se ressemblent toutes

d'ailleurs; il visite chaque fois les mêmes villes, ajou-
tant, suivant le cas, un sanctuaire, à la liste très
longue de ceux qu'il connait. :

« Je suis d'abord parti pour Florence, de Rome,
« sans attendre d'avoir épuisé mes dernières res-
« sources, puis ... je me suis mis au portrait ...
« Ça ne va pas sans inconvénients, j'ai des dispu-
« tes à soutenir, parfois des scènes inénarrables ! ..
« Mais enfin, j'en fais, je peux dire tous les jours,
« grâce à la modicité de mes prix. »

Ces séances de pose se paraient de quelque fantaisie. Il offrait aux passants des portraits pour cinquante centimes. S'il trouvait un client, il dessinait
en quelques minutes son image très ressemblante,
mais sans oreilles. Protestations inévitables. Alors,
Humilis, superbe, répliquait :

— Vous ai-je promis de dessiner vos oreilles
pour dix sous ? Non, n'est-ce pas ? Je les ai oubliées.
Ajoutez encore cinquante centimes, et, au galop,
la mémoire me reviendra.

En 1908, parti de Rome, il arrivait à Aque Prudente, s'apercevait du froid très vif, se demandait
pour quelle raison « il irait geler à Florence ». Il
revenait sur ses pas, visitait Orvieto « un bijou
artistique » songeait à descendre à Reggio de Cala-
bre, pour passer en Sicile et de Messine, en Tunisie.

Projet vite abandonné. Lentement, « avec des arrêts de deux, trois, quatre, cinq jours dans chaque pays », il arrive à Naples où « une foule d'inconvénients le forcent à aller » surtout à cause de la rareté du portrait, car il ne veut pas travailler le dimanche, seul jour où il pourrait trouver des clients.

Dans une amusante lettre, il indique à Léopold qu'il va prendre ses quartiers d'hiver à Rome : « Je tâcherai de m'y faire des spécimens au grand « complet : 1° Portraits peints à l'huile » ... 2° Por-« traits à l'estompe genre photographie, face et $^3/_4$. « 3° De face et de profil petit format. 4° De profil « plus petit format. 5° Caricatures, 6° Silhouettes, « 7° Ce à quoi j'ajoute ... le portrait de mémoire « avec quête dans l'honorable société. Avec tant « de cordes à mon arc, il me parait difficile de cou-« cher à la belle étoile, partout où comme le Petit « Poucet, je verrai luire une lumière. »

Et il donne son adresse à Léopold, quoique lui recommandant toujours la Poste Restante. « Je suis « à Rome, Albergo della Corroncina, via Cremone « 5, *où je descends depuis dix-huit ans* que je viens « ici. » Il signe Laguerrière du surnom « Le Guer-rier » que portait son aïeul paternel.

A chacun de ses voyages, il consulte sa liste de

lieux saints à visiter, monte à genoux les marches de la Scala Santa, visite St. Pierre, et ne manque pas d'aller à Lorette emplie des souvenirs de Benoit Labre.

Les vêtements d'Humilis sont assez propres, ils lui viennent de parents ou d'amis, et il arrive ainsi à pénétrer dans les musées où il copie quelques tableaux.

Il apprend tout à coup qu'on a publié ses poésies à Paris. Il proteste énergiquement et dépose même une plainte au Parquet contre son ami sincère et dévoué Léonce de Larmandie qui affirme n'avoir agi que dans l'intérêt du poète, pour lui procurer quelques subsides et pour sauver un chef d'œuvre. L'affaire n'a pas de suite. De même il s'était opposé énergiquement à l'impression des « Valentines ».

En 1909, il est à Alger après de fréquents arrêts à Aix et un nouveau séjour à St. Raphaël. Il peint et dessine des portraits sur les bâteaux en service de Marseille à Alger. La pensée de la mort l'inquiète, il écrit à ses cousins: « Je ne vous reverrai plus ... « Quelque chose me dit que je ne vous reverrai plus. » Et il rédige ses dernières volontés; formelles, positives, elles montrent bien jusqu'où va son extrême humilité : Après avoir supplié les parents qui lui restent de payer quelques dettes minimes à Richepin, Larmandie, il souligne : « Je m'oppose à ce qu'on publie aucun vers de moi ».

Des attaques de rhumatisme le forcent à résider à Aix. Il y organise sa vie. Les Aixois apprennent à le connaitre et l'appellent St. Labre. Il passe la majeure partie de son temps à la porte de l'Eglise du Saint-Esprit. Malgré son originalité, ses principes rigides de chrétien intégral qui n'admettent aucune compromission, il intéresse à son sort le curé, l'abbé Bourdet. Mais cet extraordinaire mendiant interdit, un jour, à une dame patronnesse d'entrer dans l'église avec son chien : « La maison de Dieu et le festin des anges ne sont pas pour les bêtes ». Trop humaine conclusion de cette algarade : Prière de mendier ailleurs. Désormais c'est à la Cathédrale que le pauvre Humilis tendra la main.

VII

LE PAUVRE HUMILIS

LA vie simple, en somme est assez facile. Tous les
matins, les prières dites, Humilis sort de la vieille
maison Renaissance de la sordide rue Annonerie et,
par la rue Espariat, remonte vers cette placette exquise où les fers forgés des fenêtres, ventrus et délicats à la fois, semblent vouloir atteindre la fontaine
frémissante qu'entourent des pavés pointus recou-
verts d'herbes folles. Un coup d'œil rapide vers le
magnifique hôtel d'Eguilles et c'est pour le pauvre
hère l'évocation d'une jeunesse un peu triste. La
demeure à l'aspect grave s'élève sous ses yeux, telle
que jadis; voici le porche monumental et ses murs
déshonorés par des réclames, sa façade aux pilastres corinthiens lourds et massifs, l'escalier écroulé,
la porte vétuste où les cuivres reluisants posent leur
éclat; et, tout près de l'entrée, au fond de la cour
d'honneur, une vigne surmonte encore des lauriers-

roses caressant de leurs tiges le réverbère antique, hors d'usage.

Ne semble-t-il pas que le père Nouveau va sortir de la maison et, de sa voix profonde, demander un peu inquiet :

— Germain, où es-tu ?...

Ah ! les entreprises hardies contre les murs, les caracolades heureuses à la don Quichotte pour assiéger des moulins de rêve, les directions vaillantes données aux jeux enfantins !... Le cœur ne doit pas éprouver l'usure du temps. A ces souvenirs, l'homme vieilli, misérable, ressent cette fierté qui le soulevait jadis lorsqu'un témoignage d'admiration le remerciait de ses inventives ardeurs. Avec un sourire ironique pour cette poussée d'orgueil rétrospectif et juvénile, le vieux lutteur hausse les épaules : il passe; le voici dans la rue Gaston de Saporta. Il s'arrête devant l'oratoire de Notre Dame de la Seds, au coin de la rue de Littera; naïve Vierge de couleurs tendres, couronnée de roses en fer forgé. Germain se découvre, incline le buste, et, les mains jointes, murmures un Ave. Des sourires des passants, il n'a cure; que lui importe l'avis de ceux qui raillent ?

Il traverse, à présent, cette Place de l'Archevêché où il a vécu autrefois quand il professait le dessin; souvent son ancienne voisine, Madame Lagier, qui

l'a si bien soigné, le salue de la main. Lorsqu'il n'est
pas en retard, il stationne volontiers sous les grands
platanes; il écoute complaisamment le frais murmure de la jolie fontaine qui arbore un portique à
demi ruiné, bosselée par deux mascarons effrités,
au dessus d'une vasque verdie de mousses dans laquelle, déjà, les ménagères matinales puisent l'eau.
Sous l'influence du décor, le regard s'évague, cherche au tréfonds de l'être, les réminiscences, les
rythmes harmonieux et les lèvres prononcent les
belles phrases latines au vif étonnement des braves
femmes qui écoutent :

> O fons Bandusiae splendidor vitro,
> Dulci digne mero non sine floribus . . . .

Quelques pas encore vers le cloître St. Sauveur, et
Germain contemple en artiste le porche monumental de l'archevêché dont la porte splendidement
sculptée, laisse apercevoir, au bout d'un corridor
obscur, une grille silhouettant ses arabesques sur
les palmes vertes d'un jardin. Tout cela s'enlève,
lumière truculente et chaude, sur le bleu profond
du ciel, sur la vive clarté des arbres et sur la patine
rubescente ou jaunie des maisons du XVIIIme siècle.
Une brève station sur l'appui de pierre, contre les

bases des colonnettes claustrales de Saint Sauveur, et enfin l'arrêt définitif dans la Cathédrale, toute frémissante au moindre bruit que répercutent les voûtes sombres.

> O Cathédrales d'or, demeure des miracles
> Et des soleils de gloire échevelés autour
> Des tabernacles
> De l'Amour !...

Quelle joie d'être là, d'éprouver la douceur du silence près des piliers aux teintes flétries, de goûter la magie des peintures de l'abside désuètes, effacées qui s'harmonisent adorablement avec le dais rouge éteint et le siège vert de l'archevêque ! Mais d'abord, à l'entrée, Germain prend l'eau bénite dans le tombeau qui sert de bénitier, puis tout de suite, s'agenouille devant la chapelle où Dieu réside sous une sévère grille en fer forgé; flamboyants, des mots se détachent en lettres d'or à la partie supérieure: « Ego sum panis vitæ », au dessous d'un ciboire rayonnant appuyé sur une coquille gardée par deux dragons qui s'étirent, et forment ainsi des rinceaux dentelés.

Quel charme ressenti devant cette chapelle du Saint-Sacrement ! Cinq lampes jaune-or y plaquent

des lueurs fauves; une sixième, rouge comme un
cœur qui palpite, met son éclat sanglant dans la
pénombre où l'autel se devine avec ses lumineuses
coulées de cuivre en fusion, ses chandeliers, les blan-
cheurs de sa table de Vie au dessus des gradins de
marbre immaculés. A cet autel, les messes jusqu'à
huit heures se succèdent, grilles ouvertes. Germain,
agenouillé sur un vieux sac y assiste pieusement,
presque sans bouger, perdu en ses méditations; lorsque la nef se vide peu à peu de ses dévotes habituel-
les, il étend les bras et semble alors comme en extase; ces moments rares sont les plus aimés : dans
cette attitude résignée qui imite celle du Maître au
Calvaire, les pensées deviennent pures, sereines.
Rien de trop pénible pour un Dieu capable de se
donner en nourriture. Savoir qu'Il est là, immense,
souverain, plein d'Amour ! Quelles macérations
peuvent reconnaître un aussi magnifique bienfait ?
Qu'est-ce, en somme, que trois heures d'effort à genoux sur les dalles ? Rien d'impossible, et si peu en
raison des innombrables péchés dont le souvenir
remonte à l'esprit, telle une houle mauvaise. S'y
complaire dans cette vision horrifiante qui s'impose
comme un voile noir que l'on repousse et qui recou-
vre, malgré tout les dilections nouvelles, oui, afin
de mieux saisir toute la distance qui sépare de l'idéal

souhaité par un humble cœur... La vivacité naturelle, la mordante ironie, les réparties pleines d'esprit où Germain est passé maître, ce sont ces mou-
vements, pour ainsi dire instinctifs, qu'il faut vain-
cre. Et le plaisir de savourer une phrase décochée à
la gauloise comme autrefois lorsque, redouté et redoutable, le poète n'abandonnait aucune occasion
de briller devant les poètes funambulesques, noc-
tambules et décadents ! Une simple jouissance qu'il
se reproche souvent, mais avec quelle verve il s'é-
tonne lui-même. Il ne peut plus — et il ne le voudrait pas — surprendre, ravir, pâmer d'aise un
public choisi : les farces qu'il se joue à lui-même,
de rares auditeurs s'en amusent. Le bon sourire au
coin des lèvres, l'ironie pétillante à l'œil, la barbe
soulevée d'un mouvement du menton qui frétille, et
c'est — après la phrase lancée comme une balle bon-
dissante et légère, primesautière et narquoise — le
rappel aux amis disparus :

— Qu'en dirais-tu, Rimbaud ? ... Ho ! Ha ! Hi !
Hi ! Verlaine ! ... Goûterais-tu ça, Richepin, ma
vieille ?...

Ces rappels de la vie ardente d'autrefois se produisent rarement; il faut pour les accueillir des mois
silencieux, et encore Germain se reproche ces sail-
lies heureuses, restes d'orgueil qui subsistent malgré

tout et décèlent le « vieil homme » facile à réveiller
de son long sommeil. Car l'esprit agile de ce singulier petit mendiant s'exerce aussi au grand dam de
ceux qu'il appelle « les pharisiens modernes », les
prêtres bourgeois, amoureux de leurs aises. Auprès
de ces ministres d'un culte vénéré, il garde en général le silence; trop souvent son christianisme souffre
de leur routine et de leur impassibilité. Il voudrait
les voir animés de plus de feu ou tout au moins
d'une compréhension plus grande de leurs devoirs.
Il sait que demander la perfection en cela convien-
drait plutôt à des anges, car les hommes sont affli-
gés d'une faiblesse naturelle difficilement surmon-
table. Il se tait. Dans cette cathédrale St. Sauveur
de durs affronts infligés ne lui arrachent aucun sarcasme, aucun murmure. Lorsque le prêtre qui célèbre la messe matinale le connait et approuve sa vie
humble et pénitente, tout se passe normalement,
mais, si par malheur l'officiant est certain gros vicaire à l'esprit inquiet et bizarre, l'affront quotidien
se reproduit sans miséricorde. Ce prêtre obèse souffre difficilement la présence du besacier qui — la
face exténuée — récite un ardent confiteor et se
frappe la poitrine comme les pénitents des premiers
siècles chrétiens. Cet exemple de pauvreté, de mysticisme trouble-t-il, en sa quiétude, une âme d'ecclé-

siastique timorée ? Profondément incliné à la table sainte, Germain attend, mais le gros vicaire passe et lui refuse le Pain des Anges. Occasion suprême de savourer cette humiliation. Humilis retourne s'a-genouiller à sa place, dans l'ombre. Il sait que ce prêtre est coutumier du fait; n'a-t-il pas agi de même avec d'autres personnes et notamment avec la femme d'un haut fonctionnaire ? Ce jour-là si le scandale n'égaya pas le curé obligé de communier cette dame à la sacristie, il amusa tout le diocèse. Germain n'ignore aucun détail de cette histoire : le prêtre disant à son enfant de chœur, avant la messe: « Si tu vois une dame trop décolletée, tire moi la chasuble et je lui refuserai la communion ». Mais ce prêtre impayable apprit ce qu'il en coûtait de se fier aux yeux peu sagaces et inexpérimentés d'un enfant de dix ans. Germain sait tout cela et bien d'autres choses encore; mais pas une plainte ne lui échappe, jusqu'au jour où, après plusieurs affronts successifs, il attend de pied ferme le gros vicaire à la sortie. Alors, levant un index prophétique, il murmure de sa belle voix chantante, avec une poli-tesse exquise :

— En vérité, je vous le dis, Monsieur l'Abbé, il sera plus difficile à votre bedaine d'entrer dans le royaume des cieux que de passer par le trou de l'ai-guille. »

Mais ces mordantes fusées spirituelles ne se reproduisent pas. Silencieux le plus souvent, Nouveau ne laisse rien voir de son désappointement, de sa peine. Rares sont les moments où l'on devine sa pensée. Seul, son cousin Clément Silvy surprend ses désillusions : « Je ne suis pas compris à Aix ... Je m'en irai ... Il me faut la solitude ... à Pourrières, peut-être. Pourquoi pas ? J'irai mourir où je suis né ... »

En attendant, il essaye de vivre selon son rêve. Les messes terminées, le voici, sous le petit porche cintré de St. Sauveur. La façade du XIme siècle s'appuie à un mur romain, dernier vestige d'un temple dédié à Apollon. N'est-ce pas pour Germain, si profondément épris de « la belle antiquité toute nouvelle encor », le moyen de penser à cette poésie souveraine qui embellit toute existence et toute action pour ceux qui « savent voir » et comprendre. Des réminiscences, des vers, des rythmes aimés le troublent et chantent en lui. Que de fois, il murmure, près de ces ruines, des vers de Baudelaire qu'il ne peut oublier car son influence l'aida, jadis, à comprendre l'harmonie des phrases cadencées. Baudelaire dont il déclamait des poèmes, avec enthousiasme, à ses nièces, de Rousset, et qui le charme encore à présent.

> Je voudrais qu'exhalant l'odeur de la santé
> Ton sein de pensers forts fut toujours fréquenté,
> Et que ton sang chrétien coulât à flots rythmiques,
> Comme les sons nombreux des syllabes antiques,
> Où règnent tour à tour le Père des chansons,
> Phébus, et le grand Pan le père des moissons. (1)

Parfois aussi, lorsque le soleil illumine le parvis de St. Sauveur, Humilis se réfugie dans la nef romane, près du baptistère à colonnades. Là, il prie, médite ou rêve. Les inscriptions latines l'intéressent, il les relit souvent, ainsi que cette curieuse épitaphe de Suzanne Cazeneuve, composée par son « très regreteux et très marri mari, Pierre Laugier avocat au Parlement », et qui plait à cet amoureux du passé :

« De fleurs saintes, ceincte âme, or ceinctes d'esprits saints,
« En nos ronces malins d'entiers fleurons entières,
« Tes temples tu ceignis en toutes cinq manières,
« Des oreilles, des yeux, du nés, palais et mains . . . »

Quelquefois même, avec cette pédagogique manie qui abandonne rarement ceux qui professèrent en

______

(1) Baudelaire. (La muse malade).

leur jeunesse et enseignèrent le rudiment, il sourit devant un barbarisme trop visible, ou un latin de cuisine trop naïf; ou bien encore, lorsque les nombreux visiteurs de la Cathédrale s'empressent dans la grande nef, il les accompagne, doublant le rôle du sacristain, mais en ce cas il parle peu. Il retrouve son enthousiasme, sa facilité de parole lorsqu'on ouvre les portes éblouissantes d'art.

Ah ! ces portes ! Quelle fierté, quelle joie elles évoquent en lui ! Ne les attribue-t-on pas à Jean Guiramand ? Et la vieille maison du grand-père Silvy à Pourrières ne s'appelle-t-elle point la Guiramane ? De là, à imaginer une parenté possible, avec le sculpteur, ou des affinités spéciales, il n'y a qu'un pas. Aussi lorsque les vantaux protecteurs s'ouvrent et dévoilent ce chef d'œuvre, les maîtresses portes, Germain s'exalte à la vue des merveilleuses statues creusées en plein chêne. Inestimable joyau de St. Sauveur ! Portes incomparables et uniques, sur lesquelles, sortant de leurs niches, minutieusement sculptés les Prophètes Isaïe, Jérémie, Ezéchiel, Daniel, portant des phylactères enroulés, dominent les douze Sybilles.

Et dans la nef principale, à droite, s'ouvre aussi le « Buisson Ardent » de Nicolas Froment.

Quand les volets de bois qui protègent ce triptyque du XVme siècle, s'écartent sous la baguette du sacristain, un éblouissement de couleurs illumine la paroi du banc d'œuvre. Un artiste tel que Nouveau pourrait-il rester indifférent devant cette peinture si française ? La partie principale représente le Buisson Ardent : Moïse ôte ses sandales à la vue du prodige, tandis que paissent ses troupeaux. Un ange explique le symbolique feu au Législateur d'Israël. La Vierge Marie tenant Jésus, est assise sur le buisson en flammes; au dessus d'elle, Dieu apparait avec ses anges. Les volets du triptyque réservés aux donateurs ou aux saints représentent le roi René agenouillé, St. Maurice, St. Antoine, Ste Marie-Magdeleine; Jeanne de Laval à genoux, Ste Catherine, St. Nicolas et St. Jean.

Humilis, de temps à autre, montre aux visiteurs cette merveille et ajoute son admirative appréciation :

— Ça oui, Mesdames et Messieurs, c'est de la peinture.

Puis il traduit l'antienne de la Circonsision qui se voit sur une banderole dans la partie basse du tableau : « Le buisson que Moïse avait vu brûler « sans se consumer, nous l'avons reconnu dans vo- « tre Virginité admirablement conservée, ô mère « de Dieu! . . . Rubum quem viderat Moyses in-

combustum, conservatam agnovimus tuam lauda-
bilem virginitatem. Dei Genitrix intercede pro no-
bis... »

Souvenirs !... Comme vous assaillez le cœur du
vieux Poète ! Ces splendeurs en déterminent d'autres, disparues depuis longtemps, mais qui renaissent, fidèles, très sûres... Car, aux silences s'attachent le Passé; et lorsque la nef redevient solitaire,
n'est-ce pas un enchantement d'éprouver la majesté
du religieux silence ?

Toutes les cathédrales ne se ressemblent-elles pas..

. . . Si longues qu'un brouillard léger toujours les voile,
Si douces que la lampe y ressemble à l'étoile,
                Les nefs aux silences amis . . .
Comptent les longs soupirs dont tremble un écho chaste,
Et voient les larmes d'or où l'âme se répand.

La vie de la Cathédrale s'anime pour Humilis, depuis les vibrations de la grosse cloche « *la Marie
Immaculée Maximin* », les tintements plus légers
de « *la Madeleine* », les offices, les messes, jusqu'aux baptèmes, funérailles, ou mariages.

    Ah ! bienheureux le cœur qui, dans les sanctuaires,
    Près des cierges fleuris qu'allument les prières,

> Souvent dans l'encens bleu, vers le Seigneur monta,
> Et qui, dans les parfums mystiques, écouta
> Ce que disent les croix, les clous et les suaires . . .

Tout parle au vieux Poète; le symbolisme des cérémonies l'émeut profondément :

> Heureux celui qui vous écoute
> Vague frémissement des ailes sous la voûte ! . . .

Mais lorsque l'Angélus sonne, Humilis attend que les portes se ferment. Toute la Beauté semble déjà disparaître, s'enfouir dans les ténèbres. Un dernier regard à la porte romane derrière laquelle s'ouvre l'ombre de la nef du « Corpus Domini » et, au bout, les cinq lampes qui palpitent , reflets d'or et de pourpre, étoiles d'amour devant le Bel Amour !

*
* *

Germain regagne à présent la rue Annonerie-Vieille, après une visite au bureau de Bienfaisance, ou à la caserne où l'on distribue du pain noir. Le plus souvent, il achète un fruit; et, avec de l'eau fraîche qu'il prend à la fontaine voisine, son repas s'achève, parfumé d'une lecture des psaumes.

Ces fruits achetés en sortant de la Cathédrale, deviennent les repas habituels. La belle occasion pour éprouver l'ironie d'un esprit toujours jeune ! Et Germain peint de petits tableaux qu'il intitulera les sept repas de la semaine : sur l'un des pommes, sur un autre des navettes — petits gâteaux provençaux — ou des raisins, des figues, suivant la saison. La somptuosité de ces festins l'égaye; il raille lui-même sa misère. D'ailleurs, il affirme que l'on peut très bien jeûner toute la semaine et ne manger que le dimanche. Il le sait, puisqu'il se contente de cette collation à midi, et d'un croûton de pain, le soir.

Léger d'âme et de corps, après ce frugal repas, Humilis consacre une heure à la prière, puis se dirige vers la Méjanes où le Bibliothécaire Aude, qui le connait, l'accueille et lui réserve une place de choix. Là, il lit, prend des notes théologiques et philosophiques, parcourt les journaux, compulse les revues, étudie la vie des Saints et ne se soucie guère des lecteurs habituels que le voisinage de ses habits rapés, de sa besace et de son bâton noueux effare. Même, c'est une occasion heureuse pour un lutteur tel que lui. Le « Gobsek » de Balzac aimait « à salir les tapis du riche » qui éprouvait ainsi « les coups de griffes de la nécessité »; Humilis, plus

humain et plus charitable, n'hésite pas à placer sa
pélerine de loqueteux et sa casquette verdie mon‑
trant la corde, tout contre les beaux chapeaux de
feutre et les pardessus à la dernière mode de certains
lecteurs. Quelquefois même, à demi‑voix, au grand
étonnement de ceux qui entendent, il complète la
leçon, et répète en somme ce qu'il écrivait autrefois,
avec quelques variantes, suivant les circonstances :

Riches, souvenez‑vous des paroles divines,
Couronnés d'or, songez aux couronnes d'épines . . .

Puis, vers cinq heures, il retourne à la Cathédrale
pour tendre sa sébille. Il attend l'Angelus du soir,
mais, en général, le chemin de Croix le sollicite et,
les mains étendues, il prie avec ferveur, une flam‑
me ardente dans les yeux.

Il s'incline profondément devant le Christ en face
de la Chaire. Ah ! qu'il les connait bien ces Cruci‑
fiés pâles; il en a vu, au hasard des routes, de subli‑
mes et d'affreux, de pitoyables et de splendides;
mais toujours la Beauté agit sur son âme et le trans‑
porte. Depuis le Christ de St. Géry copié à Arras,
que Verlaine célébra, le symbole pour lui réside,
vivant, immuable, dans l'attitude du Crucifié :

Voilà l'homme ! Robuste et délicat pourtant,

C'est bien le corps qu'il faut pour avoir souffert tant
Et c'est bien la poitrine où bat le cœur immense . . . (1)

Immensité! Infini du cœur divin!... Comment Le louer ? Quelles paroles, quelles prières honoreront dignement « l'Amour de l'Amour? »

Les phrases des manuels de dévotion impuissantes à satisfaire un cœur épris de vraie Beauté, cèdent devant la magnificence des Psaumes, qu'Humilis répète avec feu.

Mais, redire les paroles du Roi - Prophète, les splendides psaumes hébraïques ne lui suffit point : il croit que chaque fidèle doit exalter la splendeur du Verbe incarné par une émanation, un élan personnels; l'ouvrier offrira son travail. En toute simplicité il parle à Dieu « avec des mots de sa façon, pour mieux le toucher, pour lui appartenir davantage. » Ce poème où Jésus est adoré dans toutes les phases de sa vie terrestre, monte sous les voûtes désertes :

O mon Seigneur Jésus, enfance vénérable
Je vous aime et vous crains, petit et misérable,
Car vous êtes le fils de l'amour adorable . . . .

Et quand le Poète aura glorifié ainsi l'Enfant,

(1) Verlaine. Le Crucifix. (à Germain Nouveau).

l'Ouvrier, le Prédicateur, le Pain des Anges, toute la flamme d'un amour inassouvi résumera l'ardent espoir d'une âme mystique.

O mon Seigneur Jésus, Vous qu'en brûlant on nomme,
Mort d'amour, dont la mort sans cesse se consomme
Que votre Vérité s'allume au Cœur de l'homme !

Mais l'heure passe. L'ombre s'épaissit sous les travées; à peine si les lampes éclairent le coin des autels, et le moment de sortir arrive plus vite que l'homme religieux ne le désire.

Il se dirige, maintenant, vers la Place des Marronniers où la croix de mission s'érige, entourée d'une grille qui protège son piédestal. Une ardente invocation au Christ blanc étiré par le bois rouge et Humilis commence sa tâche de prédicateur. Il arrête tous les chemineaux qui s'avancent près de la grande fontaine qui coupe en deux tronçons la route de Paris.Et c'est le moment de faire ses délices des rires qu'il excite, car on s'attroupe, on le raille, on le conspue, mais peu à peu, avec le silence, par instant le charme de sa parole opère.

Quelques uns, parmi ces trimardeurs, besaciers, pouilleux de chemins reconnaissent en « ce vieux qui parle si bien », un ami d'autrefois, et comme tou-

jours l'enthousiasme les soulève, les emporte loin des
matérialités. Le thème de ses sermons change peu;
il prêche la pauvreté, l'humilité, la chasteté, la charité. Il prétend qu'on ne sait ni prier, ni être pauvre,
ni être vraiment charitable. Et lorsque, plein d'un
lyrisme inspiré, il se laisse aller à réciter des passages de ses poèmes, ses auditeurs bercés délicieuse-
ment par les rythmes des phrases chantantes se
prêtent mieux à recevoir la bonne parole :

> .... Louez la chasteté, la plus grande douceur,
> Qui fait les yeux divins et la lèvre fleurie,
> Et de l'humanité tout entière une sœur . . .

Quand la nuit vient, Humilis s'en va de son
pas un peu lourd, trottinant jusqu'à la vieille rue
Annonerie. Là, après son morceau de pain grigno-
té, arrosé d'un verre d'eau, il prie ardemment. Plus
rien ne le gêne; il n'observe aucune retenue dans
la paix de sa chambre close : les bras en croix, il
supplie « le Maître de Beauté » de lui changer
l'âme; qu'elle soit *belle*, feu, désir qui le brûle dé-
licieusement ! Et souvent, étendu la face contre
terre, il continue à prier jusqu'au moment où il
roule le pavé qui lui sert d'oreiller au milieu de sa
cellule. Exténué mais plus heureux qu'un roi, en

ce misérable réduit qu'illumine sa foi vive, Humilis dort, paisible, ayant pour matelas le vieux sac
sur lequel il s'agenouille à la Cathédrale et pour
sommier le sol dur et nu. Tandis que la douceur
nocturne pénètre par les carreaux ternis, la tâche
quotidienne de l'humble mendiant, du petit pauvre de Dieu s'achève sous le scintillement « des
bonnes étoiles ».

VIII

L'ASCETE DE POURRIERES

UN jour, lassé des Aixois, Humilis se résolut au
départ. Le cher projet de vivre dans son pays
natal lui semblait enfin réalisable. Il partit par la
route d'Italie, sans autres regrets que d'abandonner
sa chère Cathédrale et la place aimée sous le porche
roman où il mendiait d'habitude.

En cette année 1910, ses résolutions s'affirmaient, plus austères. Pourrait-il vivre selon ses
désirs ? Il s'était souvenu des prévenances cordia-
les de l'abbé Roubert, depuis seize ans curé de
Pourrières; le tact, le discret accueil de cet homme
de bien avaient charmé l'amant du mutisme qui
ne haïssait rien tant que les questions saugrenues,
les demi-sourires railleurs de quelques ecclésiasti-
ques trop « bourgeois » pour comprendre une vie
de renoncement absolu, surtout en ce siècle de
l'argent. Ce que Nouveau accepte avec humilité

de la foule ignare, les sarcasmes, les rires imbéciles, il ne peut le souffrir de ceux dont la tâche consiste à prêcher l'Evangile, c'est-à-dire une loi de pauvreté, de sacrifice, de charité. Aussi croit-il qu'à Pourrières ses aspirations seront enfin comprises du seul homme capable de ne voir en lui ni un fou, ni un hypocrite. L'abbé Roubert se garderait bien de reprocher au poète son abnégation, de mépriser cet exemple d'humilité, de vertus chrétiennes, et parce qu'Humilis se doute qu'il rencontrera, dans son pays natal, un prêtre selon le cœur de Dieu, il part joyeux et plein de foi pour l'avenir.

D'ailleurs, à Aix, sauf le curé du St. Esprit, l'abbé Bourdet, dont la fragile amitié ne résista point aux bizarreries et aux originalités d'Humilis, très peu de personnes s'intéressaient à cet extraordinaire mendiant, mais parmi les autres qui ne voyaient en lui, que le fou et non le chrétien, combien s'étonnaient de cet exemple intempestif qui troublait leur quiétude. Cette « leçon vivante » ne plaisait pas à tous, et il était plus simple de traiter d'halluciné un pauvre voulant suivre les enseignements de Jésus en esprit, à la lettre, et qui vivait comme les pélerins du moyen-âge, fervent ascète au milieu de l'orgueil, de la routine, des habitudes tyranniques.

Aussi le chemin se déroule joyeusement sous les pas d'Humilis. Il porte dans son sac des livres ai-més : l'Evangile, la Bible, l'Illiade, l'Odyssée, un Plutarque; toutes ses notes philosophiques, théo-logiques, sans oublier ses crayons, sa palette et ses couleurs. Que trouvera-t-il au pays natal ? Une vie plus calme et plus austère sans doute.

Les méditations ont eu le temps de fixer cette âme de poète et d'artiste. Les longues randonnées sur les routes, les nuits passées à la belle étoile, la satisfaction d'aller au gré de la fantaisie et des élans religieux, rien ne subsiste de cette vie ancien-ne, sauf un souvenir attendri. Les décisions nou-velles sont plus sûres.

Humilis pense à peine aux moyens de vivre « en ce bon pays de Pourrières ». Il lui reste quelques parents Moutte, Marcel Silvy, Michel, ainsi que son petit cousin le notaire Dragon; mais il ne faut pas espérer un accueil enthousiaste de ce tabellion ironique et théosophe, « bourgeois » jus-qu'au bout des ongles.

Un visage affectueux lui apparait cependant, celui de la sœur St. Philémon. Humilis éprouva la douceur de ce beau sourire de vieille femme qui ne vit que pour le bien à l'hôpital de Pourrières : Un geste charitable, un pain glissé dans le bissac du pauvre passant, quelques bonnes paroles prononcées ont suffi pour déterminer un espoir de paix grâce à cette amitié sincère.

C'est à la porte de l'Hôtel-Dieu de son village que le vieux pélerin frappe d'abord: On le reçoit volontiers, on lui offre la soupe quotidienne et, s'il le désire, un lit douillet pour reposer ses membres à demi-perclus. Il accepte de venir à midi et le soir partager le menu des sœurs.

Les malades, peu nombreux, ne l'importunent pas; il écrit, prend des notes, versifie tout le long de son frugal repas que lui procurent et l'amitié de son cousin le maire et la compassion des bonnes sœurs de St. Joseph des Vans. A quels mobiles obéit-il, lorsqu'il refuse tels ou tels légumes, ou préfère coucher dans un coin de grange ? La sœur St. Philémon l'ignore. Elle sait bien pourtant qu'elle reçoit un brave homme, pieux, poli, réservé, mais d'une extrême originalité. Elle a, pour lui, une déférence apitoyée, car la grande humilité de Germain Nouveau rayonne autour de lui comme un bienfait; rarement, la religieuse a rencontré dans le monde un exemple semblable d'abnégation.

L'hôtel-Dieu de Pourrières, assez délabré, avec ses murs qui s'élèvent en ogives, formant de basses voûtes, devient ainsi la demeure préférée d'Humilis. Le réfectoire offre sa large table commode pour noter les méditations, les poèmes journaliers. Et puis, les bancs de bois, les murs dont le plâtre s'effrite sous l'humidité, les fenêtres à demi branlantes, le sol aux carreaux désagrégés, cette pauvreté du logis des pauvres plait à celui qui abandonna tout, à jamais, pour suivre le Pauvre par excellence.

Longtemps Germain se contente de cette vie, mais il ambitionne quelque chose de plus, il veut être chez lui, car il souffre un peu de n'avoir aucun refuge personnel: « Moi qui suis né dans ma maison et dans ma terre, je voudrais mourir au moins dans ma maison ». Rue de la Baraque, tout près de l'Hôtel-Dieu, une maison vide lui plait. Le prix de vente modique, soixante-dix francs, lui convient, mais l'argent manque. Un appel aux Silvy et, l'acte passé devant notaire avec quelque difficulté [1], Germain possède enfin le lieu de son repos où il pourra mourir.

Cette rue de la Baraque, comme toutes les rues de Pourrières monte vers l'église. La petite maison

______

(1) Afin de lui éviter des droits d'achat, on lui conseilla de mettre sur l'acte que la maison était en ruines. Il refusa énergiquement.

achetée se compose de deux étages: en bas une pièce servant de cave, au premier la chambre et au dessus un débarras qui servira de sommaire bibliothèque. Meublée, Dieu sait comment, la chambre est d'une monacale simplicité : une sangle tirée sur deux tréteaux sert de lit, grabat élimé emplissant une alcôve peu profonde où le Crucifix domine; une table qui s'encombre de notes, de livres; une cheminée rarement allumée, voilà la demeure aimée d'Humilis. Sa voisine immédiate, Madame Bresson salue le poète, à ses sorties journalières. Il s'arrête volontiers. Parfois il s'oublie jusqu'à parler de l'Art, de la Beauté. Il essaye d'éveiller l'âme des êtres naïfs qui l'écoutent par un poème cité à propos. Puis il s'en va, tandis que les commères qui l'entouraient, éberluées, attendries ou admiratives, murmurent en hochant la tête :

— Oh ! de ce poète ! Et qu'il est savant, moun Diéu, qu'il est savant !

Mais la vie ascétique d'Humilis se règle au jour le jour. Il note, heure par heure, tel un moine, les moments consacrés à l'étude, à la prière, afin de ne pas manquer au réglement qu'il s'impose.

Et tout d'abord, il a retrouvé à peine arrivé à Pourrières, le bon abbé Roubert qui l'a reçu très amicalement. La chère cathédrale d'Aix n'est plus qu'un souvenir dont Humilis éprouve encore la douceur. L'église de Pourrières est le lieu de prédilection. Là, il a été baptisé; ces murs, précieux témoins, virent l'union de ses parents; là encore, sa mère morte reposa sur le catalfaque des défunts. Ah ! chère église du village natal, toujours regrettée au milieu des marches, des pélerinages et des vicissitudes de l'existence ! Que de fois Humilis rêva cette paix sous les voûtes ogivales du sanctuaire familier qui lui appartient désormais, puisqu'il y assiste tous les matins à la messe et communie fréquemment. Il aime à y rester de longues heures. Il prie. Il médite et contemple la chère maison de Dieu; il en reconnait bientôt toutes les particularités.

La statue de Notre Dame de Miséricorde, située au dessus d'un autel de marbre blanc, est vêtue de soie jaune garnie de fleurs de lis et de franges d'or. La figure en bois possède une expression de douceur extraordinaire apaisant la raideur du corps, impassible comme celui de toutes les icônes antiques. La main droite sort du vêtement et tient un sceptre, tandis que sur le bras gauche s'appuie l'Enfant dont la robe a la forme d'une étole très élargie. Le manteau de la Vierge s'étale jusque sur la muraille bleue où les jours d'un bois découpé posent leurs ors vieillis. Une longue couronne d'ex-voto entoure la statue miraculeuse, et l'autel semble se prolonger au moyen des plaques de marbre blanc, tributs de reconnaissance, placés là par les fidèles de Marie.

Devant l'autel, le chiffre de la Vierge brille au milieu d'épis de blé et d'églantines d'or. La statue est posée à même le tabernacle; tout près d'elle une lampe palpite, et ses reflets verts symbolisent admirablement en ce lieu l'Espérance. Deux couronnes royales serrent les fronts de la Mère et de l'Enfant divin. En retrait, le vieux banc de bois servant de prie-Dieu, et sa planche grise, où, Humilis aime à prier. Au dessus des ex-voto et de la statue s'ouvre un éclatant vitrail en œil-de-bœuf, dans lequel sourient encore la Vierge et son Fils.

Que de fois Germain contemple les hommages décernés à Celle qu'il aime si profondément ! L'ex-voto le plus magnifique forme, à lui seul, tout un pilier de la chapelle : « A Notre Dame de Miséricorde dont la puissante protection préserva nos pères de la peste qui désolait les pays voisins en 1720, les habitants de Pourrières reconnaissants et dévoués. »

Voici le coin de dilection, près de la porte. Un peu d'ombre l'environne : Germain le plus souvent y réside. De là, on aperçoit une partie du maître-autel, les colonnettes, les voûtes, les pilastres, et, dans le bas côté, le petit arceau qui supporte de nombreux ex-voto. Au fond, l'autel de St. Trophime, tandis que, sur la gauche, comme une étoile, brille, agrafée d'or, la veilleuse verte de Notre Dame.

Près de cette place de choix, le vieux bénitier, vétuste rongé par les ans, avec ses tons d'ivoire jauni, encroûté de rouille, crevassé de blessures, repose sur une colonne qu'il déborde largement de sa vasque sculptée d'oves allongés. Le mendiant de Pourrières s'y appuie fréquemment. En elle-même l'église est gaie; selon les heures, obscure; par moments aussi, étincelante de soleil.

Le ciborium effilé et gothique, déterminé par quatre colonnettes menues, encadre le Crucifix de cuivre au dessus du maître-autel de marbre. Bien au centre des croisées d'ogives, dans le chœur, un vitrail rond, très haut, représente le Saint-Esprit sous la forme d'une colombe ...

Et tout cela s'érige, discret, parmi des coins sombres traversés d'une lueur bleutée, sidérale et mystique.

Magie du silence. Profondeur du recueillement. Le porte - cierges où brûle toujours quelque

chandelle, est un peu à gauche de l'autel, tandis que,
plus loin, près de l'harmonium, une autre étoile,
rouge celle-là, tressaille comme un cœur embrasé
d'amour.

Parfois la contemplation d'Humilis dure jusqu'à
l'Angelus de midi, et l'abbé Roubert qui passe dans
l'église pour fermer les portes, contemple, ému jusqu'au tréfonds de l'être, le pauvre de Pourrières à
jeun depuis la veille qui, les bras étendus, prosterné devant la statue de N. D. de Miséricorde, offre
aux regards insoupçonnés un visage d'extase :

> La pâture de l'âme est toute vérité,
>
> Le corps content de peu cueille une nourriture
>
> Dans le baiser mystique où règne la beauté . . . . (1)

Cependant — son jeûne durant depuis dix-sept
heures — Humilis sort de l'église et va prendre sa
gamelle de soupe à l'hôpital et le pain que
le bureau de bienfaisance lui octroie. Chez lui,
après ce repas peu substantiel, il travaille. Heureux
du silence observé il évite même de parler tout bas
dans sa maison, habitude naturelle à ceux qui vivent
loin du monde. Afin d'éviter toute infraction à

---

(1) — Poésies d'Humilis : Le corps et l'âme.

cette règle, il a tracé sur le mur de sa chambre, en grosses lettres, le mot *SILENCE*. Et pour lui cette invite ne signifie pas seulement de s'abstenir de toute parole inutile, mais encore d'imposer silence à la chair qui parfois se révolte de tant de mésaises.

Dure vie qu'il mènera huit ans, jusqu'au bout avec une netteté d'esprit, une volonté parfaite, un surhumain courage.

Le « Maudit » rôde encore autour du vieillard qui se cabre sous l'effort.

.... Mais l'âme solitaire est joyeuse où Dieu reste (1)

et, ferme dans sa règle, cet ascète au milieu du monde, met en pratique les conseils de St. Paul :

... « Faites de vos corps une hostie vivante, sainte, agréable à Dieu, car hélas, je vous le dis avec larmes, beaucoup se conduisent en ennemis de la Croix du Christ [2]..... Si par l'esprit, vous mortifiez les œuvres de la chair, vous vivrez. » [3]

D'ailleurs, Humilis puise un réconfort dans ses lectures, dans ses pratiques religieuses : la récitation quotidienne des psaumes, la lecture de la Bible et

---

(1) — Poésies d'Humilis : Le corps et l'âme.
(2) — Philip. III. 18 et 19.
(3) — Rom. VIII. 13.

de l'Évangile, la vie des saints, augmentent son désir de vivre loin de tous. Le prophète Osée n'a-t-il pas dit : « Je le mènerai dans ma solitude et je lui parlerai au cœur » ? Le vieux Poète retient cette pensée et celle de son très aimé St. Bernard. « Je ne suis jamais moins seul que lorsque je suis seul et loin des hommes. Je trouve alors Dieu qui me parle, je suis plus attentif à l'écouter et mieux disposé à m'unir à lui »; ou encore ce conseil de Thérèse d'Avila : « Détachez votre cœur de toutes les choses créées, puis cherchez Dieu et vous le trouverez ».

Les années aidant, Humilis vivra sous une règle de plus en plus sévère, et son ascétisme n'entreverra désormais plus de bornes à la mortification des sens. Quelles volitions dirigent cette vie extraordinaire ?...

Discipliner les tendances de l'être, les convertir, leur donner le souffle, la vie, pour une immensité de forces bienfaisantes, c'est user du libre-arbitre en homme supérieur. Une discipline tenace jointe à une volonté ferme emplit ce cœur qui arde en l'inextinguible fournaise de l'Amour. Humilis pense que l'Homme est un roi et que si sa puissance s'exerce par et pour le désordre, rien n'assouvit jamais son besoin d'infini. Les artificielles extases ne détruisent pas les tendances méprisées qui — même dans la vieillesse — assiègent, tourmentent, lassent et profitent des dégoûts procurés par l'oubli de l'ordre. A demi brisées, les deux ailes de l'âme ne portent plus l'homme de leur vol hardi, mais elles frémissent, se soulèvent par moments comme pour s'éloigner de la terre où des matérialités, de charnelles contingences les enchaînent. Quand, au contraire, plus rien n'existe dans une âme que le désir du ciel, cette sublime communion avec la Divinité procure un avant-goût des béatifiques délices ...

Ces méditations apportent une joie sans cesse renouvelée au pauvre solitaire de la rue de la Baraque; il commente des passages des psaumes; il les note afin de mieux préparer la substance quotidienne : « Délivrez l'indigent et le pauvre, arrachez-le des mains des méchants.

« Songez que vous mourrez comme tous les grands de la terre ». Et il ajoute: « Surge Deus !...»

« Mon cœur et ma chair ont tressailli de joie pour le Dieu de mon âme, pour le Dieu vivant.

« Pour moi ô Seigneur des armées, mon Roi et mon Dieu! Je choisis ma demeure aux pieds de vos autels !

« Conduisez-moi, Seigneur, dans le chemin que vous m'avez tracé; faites que je marche selon votre vérité, que mon cœur soit rempli de joie et qu'il enseigne votre nom. »

Parfois aussi l'inspiration tourmente Humilis et, dans la nuit, après avoir prié, il écrit les phrases qui vibrent en lui comme des réminiscences d'antan :

« Qu'il est doux de chanter sous le regard des anges,
« Sous le suave joug de Dieu qui nous unit,
« Quand le petit berger dort encor dans les granges,
« Et le petit oiseau dans le fond de son nid;
« Cette voix de la nuit en est plus solennelle . . . »

Seul! Il est seul! Au milieu du silence nocturne de sa chambre, il exulte et relit ses notes sur la mystique. En son esprit imaginatif, des visions passent : les saints qui se crucifièrent ou ceux qui acquirent une éminente sainteté. Il aime ces serviteurs du Christ, cherche à les mieux connaître, implore leur protection. Lui, qui dans sa jeunesse, rimait des ballades et des chansons sous une impeccable forme médiévale, il éprouve un plaisir sans mélange à prier ainsi le destructeur de la peste, le Saint vénéré par Benoît Joseph Labre :

Syre St. Roch de Dieu amy,
Moult dévotement je te prie

> Que moi, ton humble serviteur
>
> Me garde de ce haut périr
>
> De peste que je vais courir ! . . .
>
> Hélas ! qui saurait bien conter
>
> Tes miracles et raconter
>
> Ceux que tu as faits en ta vie,
>
> Te remerciant de tes biens,
>
> Comme ceux qui deviennent tiens.

Il ne faut pas que la peste ou la lèpre des pensées mauvaises martyrise l'esprit. Le découragement survient alors, et les phrases se pressent, harcelantes sur les lèvres : « Pourquoi tant de peine ? N'es-tu pas assez mortifié ? Qui te force à continuer cette vie misérable, si dure ? Tes bonnes œuvres suffisent à présent. Davantage serait douter de la miséricorde divine ... »

Silence, silence, silence ! ... trois fois, le vieux lutteur écrit ce mot sur la muraille au dessus d'un passage des psaumes noté en plain-chant : « Levavi oculos meos in montes.. » et il se réfugie dans la douceur des plaies de Jésus, dans la pensée de la mort, car les saints, eux-mêmes, furent tentés.

Vies des serviteurs de Dieu, que vous êtes belles ! Savourer ces existences pour mieux puiser là le courage et ranimer la volonté qui cède parfois sous l'effort! Et les détails aimés [1] se hâtent de donner leur joie au solitaire. Voici Catherine de Sienne avec ses « Dialoghi d'Amore » ses divins entretiens, ses visions; Agnès « la perle de grand prix » qui, au milieu des flammes, debout, les mains levées adressait au Seigneur cette prière : « O Dieu tout puissant, adorable, digne d'honneur, redoutable, je vous bénis et vous rends grâce à jamais »; Emerentienne « pleine de la vertu divine dont Jésus est la source »; Rose de Lima qui « pousse de suaves fleurs de virginité et de patience »; Benoit Labre, le modèle vénéré, pélerin de Jésus, l'humble des humbles; Jean Colombani aux pensées subtiles, fondateur des Jésuates, et tant d'autres dont l'amour patient sert d'exemple.

Afin de s'unir à ces êtres prédestinés, Humilis se nourrit de leurs œuvres, de leurs actes, de leurs paroles. Il ne se contente plus de noter les mots prononcés ou écrits par eux autrefois, il les apprend pour s'en mieux pénétrer : « La crainte de Dieu empêche la crainte de l'enfer » — « C'est par les yeux que le vice s'introduit ordinairement dans notre âme. » Il faut « se revêtir des vertus de Jésus-Christ par une vie conforme à la sienne », ne pas oublier

-----

(1) Notes d'Humilis.

« qu'à force de vouloir voler trop haut, on tombe bien bas » et que « notre cœur doit être de feu pour Dieu, de chair pour le prochain, de bronze pour nous mêmes ».

Les résolutions [1] suivent aussitôt : « pauvreté, humilité, obéissance, amour divin, mépris du monde, crainte de Dieu, désir de la perfection, mortification des sens ».

Pour se délasser, il travaille à quelques poèmes, et les recopie soigneusement; il voudrait laisser à l'église de Pourrières un cantique en l'honneur de Notre Dame de Miséricorde, non pas un testament littéraire, mais un aveu d'amour à cette Vierge si douce, un aveu qui, à l'avenir, devienne « le plus beau chant de la paroisse ». Il le cherche longtemps, puis l'ayant trouvé, le polit avec toute la force et la verve d'autrefois :

> A genoux sous ma voile,
> Je te salue, Etoile,
> Etoile de la mer,
> Garde-nous d'abîmer . . .

Ce poème a la fraicheur candide des chants popu-

---

(1) — Notes d'Humilis.

laires du Moyen âge : naïf, léger, émouvant, digne d'embaumer les vertus de la Vierge des Miséricordes. Et ce qui révèlera, à ceux qui admirent et comprennent, la pensée suprême du poète, c'est ce couplet qu'il a omis de recopier; il l'oublie humblement; sous l'influence de la poétique inspiration, la vérité s'empare de lui. Il dévoile le secret profond de son être : cette belle Madone de Pourrières, il l'a vue, elle-même, transfigurée, pleurant les péchés des hommes telle qu'elle apparut à la Salette au siècle dernier.

> A toi qui vins à Lourdes,
> Chez des sourds et des sourdes,
> Après que dans leurs bois
> Te virent sur l'impie,
> Germain et Mélanie
> Pleurer entre tes doigts.

Où l'a-t-il contemplé sa Vierge secourable? Dans le bois du Marquisat, à Pourrières où il va méditer quelquefois ? ou bien, jadis, tout près de la demeure de Benoît Labre à Arras ?... N'est-ce pas plutôt à l'ancien couvent des Minimes lorsque, processionnellement, on porte la statue miraculeuse ? ou encore dans l'église de son village quand, prosterné, les bras en croix, Humilis parait en extase ?...

Le couplet, à peine écrit, sera supprimé de la copie définitive. En cause, l'humble manquerait à son devoir et s'écarterait du chemin tracé. Vite, Germain porte ce chant très aimé, naïf et tendre à l'abbé Roubert, et cet excellent homme en comprend peu les expressions d'un archaïsme voulu et charmant :

> Toi qu'à doux sons de corde
> Les anges, dans leurs chants,
> Nomment Dame Céans
> De par Miséricorde,
> Ah ! du moins, fais qu'ici
> Le bon Dieu nous accorde,
> Avec Paix et Concorde,
> Sa grâce et sa merci . . .
>
> . . . .
>
> Etoile hospitalière,
> Maison du matelot,
> Vers les rades d'Hyère,
> Remets sa barque à flot ;
> De Fos à Cavalaire,
> Pour les rêts d'un pêcheur,
> D'un lyon fort colère
> Modère un peu l'aigreur.

> A genoux sous ma voile,
>
> Je te salue, Etoile,
>
> Etoile de la mer,
>
> Garde nous d'abîmer . . . .

Qu'est-ce que « Garde nous d'abîmer ? ... Et ce vers : « d'un lyon fort colère ... », trouvaille heureuse pour exprimer la crainte du golfe méditerranéen si dur aux marins, est une énigme pour le bon curé peu habitué aux images poétiques.

Quoique déçu, Humilis part à pied pour Aix. Marcel Provence, l'homme de lettres généreux, si loyalement dévoué au mendiant de Pourrières assure les frais d'impression du cantique. La Revue des Quatre Dauphins la signale tout de suite à l'attention du public. Signée L. N. La Guerrière, cette plaquette dissimulait peu l'identité du poète. [1]

L'esprit heureux, l'âme joyeuse, Humilis, avant de repartir a rencontré une fois encore Provence, puis le poète Jean Faubreton qui l'a présenté au peintre Arnaud. La conversation s'est poursuivie dans la rue, et, malgré le vif désir de ne pas se livrer, malgré une évocation émouvante de ses vers d'autre-

---

(1) Voir la Revue LE FEU, article de Jean Faubreton. Janvier 1914, et *Les Lettres,* Avril 1924. Article très documenté de Marcel Provence.

fois cités par ses interlocuteurs, ses beaux vers qui amenèrent des larmes dans ses yeux, il prononça des paroles austères :

« Rien n'existe en dehors de Dieu même et de son Fils adorable. Des vers ? Oui, des cantiques religieux, cela peut demeurer et devenir une louange, mais détruisez tout le reste. Allez. Faites comme moi ».

Et le dos un peu courbé, la main au bâton pèlerin, il s'éloigna par la route d'Italie.

IX

LES DERNIERS JOURS

L A vie reprendra, calme, sereine. Pourrières est
le lieu d'élection, la retraite bénie où Humilis
rêvera sans encombre, priera joyeusement, s'offrira
en toute plénitude. De temps à autre, de rares conversations avec le cousin Jullien, le curé Roubert, le
notaire Dragon; mais il se livrera peu quoique le
charme de sa parole agisse toujours. Il intéresse et
ravit, on éprouve un plaisir sans mélange à l'écouter car peu de sujets religieux, littéraires et artisti-
ques existent qu'il ne possède à fond pour ainsi
dire, et la phrase admirative des bonnes femmes de
son village : « Mon Dieu qu'il est savant » s'ap-
plique merveilleusement à l'homme étrange qu'il est
devenu. Comme toujours, ces éclairs se produisent
rarement.

La guerre de 1914 déclarée, les mauvaises heures

vécues dans l'angoisse développent en lui le désir de se donner davantage. Il offrira des souffrances nouvelles pour le salut des fils dont les mères pleurent devant lui. Une poussée de foi vive saisissait quelques âmes. Quand il le pouvait il recommandait à tous des prières à Notre Dame de Miséricorde.

L'antique statue de l'église recevait les atteintes de cette ferveur. Peu de soldats permissionnaires ou de nouvelles recrues s'éloignaient du village sans emporter quelques brindilles de bois arrachées subrepticement à la statue miraculeuse. Puis une ardeur nouvelle enflamme le cœur du petit pauvre de Dieu :

Des ailes ! Il faudrait des ailes pour diffuser au loin la bonne parole ! Comment développer l'amour de Dieu dans les âmes ? Cette époque troublée ne présage-t-elle pas la proche fin du monde ? Méditant les Livres Saints, Humilis y trouve sans doute l'annonce de cataclysmes, autorisée par le dérangement des saisons, les épidémies terribles, l'indifférence religieuse malgré la prédication quasi universelle de l'Evangile, et surtout par le paganisme des temps présents au milieu des effroyables tueries de la guerre mondiale : « Peuple contre peuple se lèvera et royaume contre royaume, et il y aura des pestes,

des famines ... mais toutes ces choses sont le commencement des douleurs. » [1]

Dans la curieuse prophétie de l'Apocalypse de
St. Jean, que d'esprits avertis trouvèrent une expli-
cation relative à « ces nuées de sauterelles colos-
sales qui envahiront le ciel aux derniers jours du
Monde ! » Ces sauterelles « semblables à des
chevaux, préparées pour le combat et qui por-
taient comme des cuirasses de fer », le bruit de
leurs ailes « était comme un bruit de chariots à
beaucoup de chevaux courant au combat » et dont
« le chef s'appelait *Exterminant* ». — Qui ne
verrait là les avions porteurs de bombes qui exter-
minent à coups de shrapnells, de mitrailleuses ou de
gaz délétères ?... Avec l'installation des Juifs à Jérusalem, n'est-ce pas une raison de plus pour croire
aux prémices de la terrible fin mondiale qui, somme
toute, peut se produire dans un délai assez long,
coupé d'alternatives pacifiées : les prophéties ne se
mesurant ni à l'aune, ni à la minute précise, mais
variant quelquefois de un ou deux siècles pour se
réaliser pleinement.

Et le pauvre Humilis dévoile le fond de son âme
à l'abbé Roubert :

---

(1) Math. XXIV. 17.

« L'heure s'avance où le Monde pourri, corrompu, sensuel, paiera rançon au Christ. Le moindre battement de notre cœur nous rapproche de cette heure; qu'importe qu'elle sonne dans cinquante ans ou même plus tard! Il faut d'ores et déjà, dresser la barque salutaire sur l'océan soulevé de l'Orgueil. Ah ! se dévouer ! Prier ! Réunir des hommes humbles, très doux ! Des ascètes tels que Jérôme le Saint, Hilarion, Hospice, pour expier les péchés d'autrui par les mortifications extrêmes. Vivre sous une règle dure, austère, afin de tout entraîner à sa suite !... Mon Dieu, est-ce donc impossible ? Purifiés à la flamme de l'Amour, pratiquant la chasteté, prêchant la pénitence, humiliés, charitables, ce seront *les Apôtres des Derniers Temps !* Des ascètes, qui, « ceignant leurs reins de la Vérité, revêtus de la cuirasse de la Justice, les pieds chaussés de zèle pour l'Evangile de paix » prendraient aussi le « casque du salut et l'épée de l'esprit qui est la parole de Dieu ».

Hélas ! le bon sourire de l'abbé Roubert refroidit cet enthousiasme : « Où trouver de tels hommes assez sacrifiés pour vivre dans le monde comme des ascètes au désert : Et puis, il existe tant et tant d'ordres religieux ! L'idée certes est généreuse et belle mais les difficultés insurmontables empêcheront sa réalisation. »

Humilis se tait. Sans aucun doute l'abbé a raison; le pauvre de Pourrières isolé, misérable, ne recruterait personne capable de l'imiter. Eh ! bien, sa résolution s'affirmera désormais : il s'excitera davantage à l'Amour de Dieu, il méditera sur les moyens à prendre pour réaliser, en partie, son projet de « mériter » plus en faveur du prochain.

D'abord, lui, qui demeurait, farouche dans sa solitude, il sort bravement au milieu de ses semblables. Chanter pendant une heure des couplets de sa façon en s'accompagnant d'une guitare qu'il a construite, autant d'humiliations qu'il recherche. On l'entoure. On l'écoute. Un village possède peu de distractions et c'en était une qu'entendre « le vieux La Guerrière » déclamer ou chanter :

> O Vierge qu'enleva dans les plis des rideaux
>   A la mort de la tombe,
> L'essaim des chérubins qui portent à leur dos
>   Des ailes de Colombe . . . . .

Il s'interrompait brusquement. Avec des airs de grand seigneur, drapé dans sa pélerine en haillons, il saluait l'assistance et s'inclinait très bas :

— Maintenant, mesdames, messieurs, si vous voulez entendre la suite, jetez quelques sous dans ma sébille représentée par cette casquette. Il faut que tout le monde vive et j'ai mes pauvres ...

Les questions railleuses jaillissaient autour de lui, vite suivies de réponses :

— Tu n'as besoin de rien. Que ferais-tu de nos gros sous, La Guerrière ?

— Bédame! la charité pour vous peut-être, mes amis, vous connaissez si peu la belle, la noble, la sainte charité...

Puis au milieu des lazzi, des rires, du bruit clair des sous tombant autour de lui, il continuait à déclamer ou à chanter, heureux de ramasser quelque aumône pour ses frères en indigence, et d'entendre autour de lui les mots railleurs.

Volontairement, vers un but bien déterminé il excitait les rires « savourait les injures », se réjouissait du mépris qui l'entourait.

A ces moments « durs pour sa bête », de saintes visions soutenaient son courage parfois défaillant. Il se rappelait alors « le beau paysan, l'ange d'Amette, Benoit Labre qui agissait toujours au renversement de toute raison humaine ».

Humilis n'oubliait pas non plus « la bonne parole » capable de réveiller « ces chrétiens engour-

dis et il leur montrait la vie que doit mener un vrai
disciple de Jésus.

Afin de toucher les âmes simples de ces paysans,
et qu'ils retiennent davantage les préceptes catholiques, il récitait des vers construits dans le genre
de ceux que les manuels de piété offrent aux enfants,
au chapitre des commandements de Dieu et de
l'Eglise :

> Des injures tu ne diras,
> Le prochain te concilieras,
> De femme ne convoiteras,
> La tienne ne répudieras . . . .

Et, bouche bée, les assistants écoutaient. De ci de
là, au milieu des pauses, quelques exclamations fusaient. On voyait des vieux qui hochaient la tête,
admiratifs, des femmes qui murmuraient : « Tout
de même quel homme, notre mendiant ! », des enfants qui reconnaissaient ce langage du catéchisme.

> En rien, jamais ne jureras,
> Au méchant ne résisteras
> Au voleur ne disputeras;
> Un emprunteur n'éviteras,
> Tes ennemis tu chériras,
> Fils du Parfait, parfait seras . . .

Mais les habitants de Pourrières comprenaient-ils les préceptes de sacrifice et d'abnégation :

> Tes bienfaits tu ne publieras,
>
> Et dans le secret tu prieras,
>
> Les offenses pardonneras,
>
> De jeûner ne te vanteras.
>
> Au lendemain ne penseras
>
> Prompt à juger tu ne seras . . . .

Il fallait, en somme, faire entrer de force, au coin de la simplicité dans les cerveaux frustes des villageois, la doctrine du Christ; et combien se rappellent encore aujourd'hui l'air d'Humilis récitant ardemment les derniers préceptes :

> Si tu cherches, tu trouvas,
>
> Si tu frappes, on t'ouvrira,
>
> Fais bien et bien on te fera,
>
> Par la porte étroite entreras . . .

Longtemps, il reste fidèle à ce qu'il considère comme un devoir; les jours s'écoulent sans amener un grand changement dans ces habitudes, puis, la fatigue aidant, il s'isole encore davantage qu'autrefois.

Alors il recueille les moindres peines les pensées délicates, les joies spirituelles, les indicibles souffrances; tout le long des journées longues, il compose le poème le plus délicat, le plus exquis, digne de bercer plus tard les âmes dolentes qui frémiront en écoutant ces divines harmonies.

Ah ! le merveilleux poème! lent patient embrasé ! Imaginez dans sa chambre sordide le petit pauvre de Dieu faisant un holocauste de sa vie tout entière. Comment réaliser une action de grâces, permanente et sûre? Pas un geste, pas un mot en dehors du divin. Silence !... Oui sur toutes les douleurs du corps désirées, cherchées, bravées glorieusement. Mais le cantique d'amour s'élève au dessus des railleries, bien au delà de ce grabat élimé, de cette lamentable terre. Ce cantique, nul ne l'entend : Il ressemble à la louange stellaire qui proclame à chaque scintillement la grandeur de Dieu.

Aujourd'hui comme ce chant vibre et résonne ! Quel disciple du Christ ne comprendrait cet hosanna intérieur, ces prières extasiées? L'exemple des martyrs anime le cœur inassouvi d'Humilis, la souffrance devient son ineffable joie. Les saints, ses modèles, enflamment, consument, embrasent, et cette vie sacrifiée du pauvre poète n'approche pas encore assez de celle des martyrs.

Plus haut ! Excelsior ! Plus haut ! Les regards doivent s'élever et non s'abaisser. Comment souffraient les saints ? Vite une note pour fixer dans la mémoire la distance qui sépare encore des abnégations sublimes : « Ongles d'acier, peignes de fer, torches ardentes, nerfs de bœuf, chaudières d'huile, de graisse, de poix, de résine en feu ». O martyrs de Jésus !... Ceux-là savaient souffrir !...

Mais il existe d'héroïques moyens pour les imiter. La vie de Benoit Labre, le modèle bien-aimé, renseigne et guide: « Il était heureux des divers bruits injurieux qu'on débitait sur son compte ... Avec « sincérité, il disait : « Je suis un vagabond » ... « La pauvreté et la sordidité de ses vêtements « étaient pour en convaincre ... il voulait qu'ils « fussent en désordre et déchirés. L'horreur que sa « saleté excitait parfois, *la répugnance qu'on mani-* « *festait à l'approcher* dans les rues et au sortir « des églises était pour lui une délectation... L'hom- « me véritablement humble est radicalement changé « de la nature déchue. La grande merveille est cette « humilité profonde, sincère, débordant sans cesse « d'un cœur humain et immergeant tous ses senti- « ments, tous ses désirs, toutes ses volontés : La « grâce et l'auréole de Benoît sont expliquées ainsi. « *Plus rien ne le gêne, ni ne lui répugne...* vérita-

« blement humble, humble sans mesure… *il s'élève*
« *au dessus des dégoûts, et des dégoûts les plus*
« *salutaires.* »

Voilà pour Humilis la mortification définitive.
Lui aussi s'élèvera au dessus des répugnances. Humble sans mesure ? Ecraser tout vestige d'orgueil ?
Broyer encore la chair défaillante ? Comment y
parvenir ?

Le but était à demi atteint. Déjà bafoué, montré
du doigt, ou signalé par ce geste de la main qui
stigmatise les aliénés, Nouveau ne se doutait pas
que, seul, l'abbé Roubert perçait à jour le mystère
de cette vie merveilleuse.

A chaque carême, la ferveur d'Humilis s'exaltait. Lui, qui ne se nourrissait plus que du pain
donné par le bureau de bienfaisance, jeûnait durement et ne mangeait qu'un croûton de pain noir
« après le coucher du soleil comme les anciens solitaires ». En cette année 1918, la retraite prêchée par
l'abbé Girard, du diocèse de Fréjus, amena l'ascète
de la rue de la Baraque au confessionnal du prédicateur. Longtemps ce prêtre se souvint de cette
émouvante entrevue. Humilis demandait, avec in-
stance, l'absolution. Malgré des questions réitérées
l'abbé Girard ne trouvait pas matière à la donner :
« Allez en paix, répondait-il, je ne trouve en vous

aucun péché, continuez à vivre ainsi, soyez toujours humble. » Mais Germain s'obstinait, insistait, priait, suppliait. Le prêtre, ému jusqu'aux larmes, trouva l'habituel expédient, et prononça les paroles régénératrices pour tous les péchés de son pénitent *dans le passé.*

Après cette extraordinaire confession, l'abbé Girard se précipita chez le curé, l'enthousiasme débordait de tout son être : « Quel était cet homme étrange ? Un saint des anciens jours vivait donc à Pourrières ? Inconnu de tous, mortifié, splendide, résigné, sans péché au milieu des indifférents et des tièdes ?... »

Jamais, dans sa carrière déjà longue, le prédicateur n'avait rencontré un homme semblable... L'abbé Roubert dit ce qu'il savait du pauvre mendiant. La vénération stupéfaite de l'abbé Girard s'accrut, et — à quelques jours de là — il partit du village, persuadé de la sainteté de son pénitent occasionnel.

Humilis, après ces Pâques, redoubla d'efforts, possédé de plus en plus par l'exemple de St. Benoît Labre : ses vêtements en haillons, son visage exténué, sa démarche chancelante indiquaient les profondes atteintes des volontaires mortifications. Il maîtrisait toujours ce corps épuisé qui regimbait sous l'aiguillon; à coups de discipline, il le mâtait, le réduisait à rien, lui refusait tout plaisir et lui donnait parcimonieusement sa maigre pitance journalière. La communion pascale devenait le centre et le but de sa vie, car « par délicatesse de conscience » il ne communiait plus, après s'être confessé, qu'à Pâques [1] très régulièrement.

D'ailleurs, il eût le grand chagrin d'assister au départ de l'abbé Roubert, en 1919, qui prit sa retraite comme aumônier du Carmel à Draguignan. Humilis continue — quand les infirmités le lui permettent—de suivre les offices de la paroisse. Hélas ! il se traîne plutôt qu'il ne marche! Souvent la sœur St. Philémon l'aperçoit; mais il n'ose plus rien demander. Il lui glisse un billet dans la main: « Ma très bonne sœur, un peu de pain, pour l'amour de Dieu, sur le banc du pauvre La Guerrière, à l'église. »

Il n'ose plus approcher personne, car, afin de mieux mortifier sa chair défaillante, il laisse grouiller sur lui la glorieuse vermine qu'il magnifiait autrefois dans son poème « Humilité », où il disait de St. Labre :

> Je sais que notre temps dédaigne
> Les coquilles de son chapeau,

---

(1) Relation de l'abbé Roubert.

> Et qu'un lâche étonnement règne
> Devant les ombres de sa peau.
> L'âme en est-elle atténuée,
> Et qu'importe au ciel sa nuée,
> Qu'importe au miroir sa buée
> Si Dieu splendide aime à s'y voir ... ?

Quel affreux supplice ! ... Démangeaisons incessantes, dermatoses qu'ulcèrent les ongles énervés, hideuses plaies où la vermine pullule, active et goulue!

A toutes les mortifications déjà si pénibles, Humilis ajoute la plus dure, *le Cilice vivant* qui ronge la chair, assaille, lasse et brûle comme un fer rouge.

L'heure exquise est venue, l'heure de se délecter avec l'horreur inspirée. Les hommes, les enfants et les femmes, à peu près tous, s'écartent de ce dramatique pauvre. Ah ! le bon sourire du vieillard, sa barbe blanche en frémit de ravissement ! Quelle joie à se souvenir d'une chanson populaire — prophétique, en vérité — adressée par lui à Richepin, il y a près de quarante années :

> Je fais mon train
> En mendiant mon pain.
>
> Quand je vais à l'Eglise
> On me fait comme au Roi,

> Tout le monde s'empresse
> De s'éloigner de moi

Et le chant ancien murmuré berce la vision de la mort prochaine :

> Ce qu'on voit à ma suite
> A mon enterrement
> Ce sont les poux, les puces
> Qui s'en vont en pleurant . . . .

Humilis hait de si grand cœur, « cette tunique souillée qui est de chair » qu'il a vaincu toutes les répugnances et tous les dégoûts; ses rares paroles, ses gestes affirment la divine passion de son être.

Ne protestez pas. Vous dites : « Dieu ne demande pas de semblables sacrifices; se plaire dans l'ordure, les poux, l'odeur forte des vêtements sales ! Horreur ! Aimons les saints, les saints propres et sains ! Dieu n'exige pas de ses élus, la puanteur et la sanie. »

Je vous entends et vous approuve. Mais je pense que Dieu ne demande une telle abnégation ni à

vous, ni à moi sans doute, or, il l'a demandée à qui
bon lui semble: à St. Alexis, St. Jérôme St. Hilarion, St. Benoît Labre, à beaucoup d'autres saints
et à Germain Nouveau. Le fait existe, je n'y puis
rien. D'ailleurs, croyez que si St. Labre s'habitua
difficilement à sa vermine, Humilis ne craignait pas
moins la crasse et les poux. Mais, que désire l'âme
passionnée d'un saint ? *Mourir à tout pour ne plus
vivre que de Jésus* : la mort quotidienne du mal en
soi par la domination de l'esprit sur le corps. L'invi-
tation est formelle : « Le Christ ayant souffert en
sa chair, armez-vous d'un même vouloir. »[1]

Et comment réaliser, pour certains affamés de
Dieu, une abnégation totale qui embrasse étroite-
ment l'âme et le corps ? . .

Cher visage de l'humilité !... Le drame du pré-
toire de Pilate et du Calvaire s'y réflète, mystérieux,
tragique. Miroir pur que contemplent, extasiés, les
fous de *Folie Crucifiante*. Une face pâle, souillée,
surgit dans les ténèbres: les yeux meurtris de coups,
le front couronné d'épines; des crachats immondes
glissent des joues creuses jusque sur les lèvres au
sourire de douceur; la barbe arrachée par places
recueille le sang qui fuse, goutte à goutte, des cheveux aux racines torturées ... Et cette face divine,

---

[1] St Pierre. Ep. I.

belle horriblement, est l'expression même de l'émouvante humilité. Ce visage du Christ outragé, inspirera à travers les siècles mille et mille tendresses douloureuses, d'innombrables volitions, d'incommensurables désirs. C'est ce cher visage humilié qui forçait l'âme tressaillante d'Humilis à s'exalter :

> Si quelque affreux crachat qui passe
> Vient à tomber près de mes pieds,
> Ma langue en boit jusqu'à la trace,
> Ceux qui sont empreints sur Sa Face
> Seront-ils jamais expiés ?. . . .

Pour effacer jusqu'au souvenir des joies que Germain Nouveau ressentait dans sa jeunesse à soigner son corps, à lui procurer les jouissances les plus raffinées, Humilis acceptera l'ignominie de voir ce même corps, tant aimé jadis, couvert de crasse, de haillons et de poux. Et ce martyre incessant permet de ne plus regretter la mort sanglante des premiers disciples de Jésus; ceux-là pénétraient dans l'arène et se livraient joyeux, aux dents aigües des lions et des tigres, lui, Humilis le bien nommé, donnera sa chair en pâture à la vorace vermine.

Voilà le martyre souhaité, voulu, conquis sur l'orgueil, l'amour-propre et la fierté. Malgré tout ce qu'on peut dire, avouez qu'une héroïque vaillance était nécessaire pour l'accomplir.

*
* *

En cette fin d'année 1919, les heures s'écoulent trop lentes pour le pauvre de Pourrières. La prière, les méditations quotidiennes laissent encore la place aux langueurs. Il soupire, impatient d'Eternité.

Il travaille. Les notes s'accumulent entre les pages, sur les feuilles de garde et jusque dans les marges des livres qu'il lit et relit, entre autres, un traité d'Ascétisme, la Vie des Pères du Désert, l'Imitation de Jésus-Christ, l'Evangile ou la Bible. Que sont ces notes ? Passages des psaumes, oraisons jaculatoires, élévation de l'âme vers Dieu. Sur un Evangile italien il écrit les vers de François d'Assise :

Tanto e il bene ch'io aspetto
Ch'ogni pena m'e diletto.

Ailleurs il trace soigneusement les noms des solitaires qu'il aime. St Frambaud, St. Marignus, par exemple, et il fait sienne cette pensée que lui inspire la vie des Pères au désert : « En général, toutes les vermines fuient les parfums ». Il a pu observer le fait sur lui-même certes, mais c'est de la vermine humaine qu'il le comprend, car la plupart des hommes s'éloignent volontairement des parfums de la Vérité.

Il relit aussi la vie de Ste Colette et s'empresse de noter ce passage qui en dit long sur son orthodoxie :

« Supprimer les miracles ou les affaiblir dans la « vie des Saints, après que l'Eglise les a examinés « avec l'attention qu'elle y apporte en les canoni- « sant, quelle témérité » !

Et, très judicieusement, il annote tout un livre sur « La Franc-Maçonnerie » où son esprit lucide donne libre cours à une admirable controverse pleine de sens catholique.

Il peint aussi quelques tableaux. Sa main, heureusement très sûre, utilise les couleurs qu'il possède, et, se regardant au miroir d'une vitre assez trouble, il peint son propre portrait, foncé peut-être, mais si vivant.

Je l'ai cette image fidèle d'Humilis : le front est large encadré de cheveux blancs, les pommettes saillent au dessus des joues creuses, les yeux vifs ardent, plissés de rides et la barbe patriarcale ondule, contournant le menton dénudé pour descendre sur la poitrine.

Ah! le pâle, le magnifique ascète ! Et comme

Humilis a l'aspect tragique ! Ces yeux surtout, ces yeux qui paraissent brûlés de larmes, expriment une volonté sereine, décisive, pleine de douceur et d'amour.

Avec la joie de l'avare qui rencontre un trésor, je découvris cette toile éloquente chez un petit cousin de Nouveau qui la reléguait en son grenier où elle recevait les atteintes des années, des rats et de la poussière. Toute ma vie, je me souviendrai des mots qui m'en rendirent possesseur :

— « Emportez-le ce portrait, allez, Monsieur, je n'y tiens pas, il me rappelle trop que Germain était *la honte de la famille* ».

Cette fin d'année devenait, pour Humilis, un Calvaire. Moins que jamais il était compris; l'abbé Roubert n'était plus là pour modérer les appréciations fantaisistes de ses paroissiens. Le nouveau curé ne s'occupait guère d'un mendiant qu'on lui représentait comme un hypocrite, un déséquilibré dont les moindres manifestations de piété devenaient autant de « grimaces », l'originalité autant « de signes de folie ».

Humilis ne reste pas insensible aux racontars du village; s'il en ressent toute la cruauté il ne s'en émeut pas outre mesure; mais ne parle presque plus à personne. De temps en temps il disparait et passe quelque jours dans le bois du Marquisat. Lorsqu'il en revient, déprimé, il avoue à une de ses cousines que les ermites du désert possédaient un surhumain courage: « Ils se nourrissaient de racines et de glands, j'ai essayé, mais je n'ai pas pu vivre ainsi ».

Tout le monde à Pourrières remarquait sa maigreur, sa marche difficile et lente. On le voyait, exténué, traîner derrière lui par une corde le petit fagot de brindilles qu'il ramassait pour allumer son feu, et les bonnes femmes apitoyées murmuraient : « La Guerrière ne passera pas la prochaine semaine sainte ».

« A l'exemple de St. Maurille, évêque d'An-« gers, qui s'enfermait chez lui pendant tout le « carême afin de mieux jeûner »[1], Humilis avait l'habitude de ne plus sortir, de chez lui, à partir de l'office des Ténèbres jusqu'au matin de Pâques. Là, ses effrayantes mortifications augmentaient en sa chambre close. Il accordait avec peine à son pauvre corps délabré le repos nécessaire pour achever cette semaine de douleurs.

La Croix, la Croix divine, comme il en éprouvait les rugueuses sublimités ! Il suivait, pas à pas, le Maître sur la Voie fulgurante : flagellations, couronnement d'épines, fardeau lourd du gibet immonde, chutes atroces au Golgotha, robe arrachée des

---

(1) Notes trouvées à l'hôpital de Pourrières.

plaies vives, veines et muscles broyés sous le mar-
teau, affreuse agonie raillée par les déicides, mort
sublime d'un Dieu tout amour.

Souffrir pour expier les péchés personnels
qui augmentèrent les souffrances du Christ, de
l'Agneau qui supportait si héroïquement les innombrables péchés des hommes; anéantir, peu à peu,
« ce corps de mort », mériter pour ceux qui ne
prient pas. Car « à mesure que l'homme extérieur
se détruit, l'homme intérieur se renouvelle », et ce
sont, après les pénitences régulatrices, de nouvelles
énergies développées, des extases sans cesse naissan-
tes, la contemplation divine sans mesure, le flam-
boiement secret de l'amour de l'Amour !...

Mais la faim atroce affaiblit ce vieillard de soixan-
te-huit ans; il se couche avec peine sur le grabat où
la vermine grouille. Une extrême faiblesse anéantit
les derniers gestes d'Humilis. Il reste ainsi deux jours.
Aura-t-il la force d'appeler, de demander assistance
à ses voisins? Il le voudrait qu'il ne le pourrait pas.
Ses forces déclinent, il souffre cruellement, de lan-
cinantes douleurs d'entrailles obligent son corps à
se plier aux dures contractions des muscles, ses genoux atteignent la poitrine, et les mains crispées
s'accrochent aux sangles du grabat. Les pensées se
heurtent aussi. Ah ! la vie ancienne qui tournoie
en une ronde folle ! Des visages aimés apparaissent

dans ce délire de la faim : la maman Augustine et
son cher regard, Laurence à la chevelure ondoyante
et brune, tous les êtres chéris et même les visages
honnis, détestés qui rappellent des péchés troubles.
Un monde de pensées l'assaille, car le démon
ne désarme pas d'habitude, surtout avant le dernier
soupir. Mais le mourant possède en son cœur le
souvenir des paroles suprêmes de l'abbé Girard :
« Continuez à vivre humblement ... Allez en paix,
je ne vois en vous aucun péché ... »; et si, jusque
là, les Pâques terrestres — jamais une seule fois
oubliées — apportèrent un réconfort précieux au
pauvre Humilis, l'heure sonne, pour lui, de les célébrer ailleurs, dans la Patrie si ardemment désirée ...

Est-ce la fin, la mort tant souhaitée ?. Mon Dieu,
c'est l'envol vers l'infini ... Ah ! quel silencieux
cri de joie son âme profère ! Quelle caresse exquise
en cette crucifiante agonie !...

> La caresse éternelle est celle de l'Amour,
> Battez, la mort est belle,
> Battez, battez, tambours ! . . .
>
> La porte la plus sainte est celle de la mort
> Pour étouffer la plainte,
> Battez, battez plus fort ! . . . .

Comme cette chambre est oubliée de tous ! L'ascète a réalisé ce prodige de vivre en solitaire au milieu du monde; sa vie, depuis vingt ans, s'écoula tranquille au service du Christ : le moment vient d'aller chercher ses gages. Mais quelles souffrances ! Quelle bête vorace ronge ses entrailles ! Et sur lui toute cette immonde vermine achève de l'épuiser. Au dedans, au dehors, sa chair s'émeut, gémit, tressaille, crève, et son âme douloureuse s'affole en un suprême scrupule d'humilité.

Ses poèmes, les derniers, les plus beaux peut-être, tout ce qu'il polissait avec tant d'amour, ce joyau où il se mirait, eau pure étincelante et fraîche, ce fils de son âme l'épouvante à présent. Que deviendront ses manuscrits ? Qui les comprendra ?... Vanité des Vanités, tout n'est que vanité !

Un sursaut soulève l'agonisant, le râle dur écrase sa poitrine, il chancelle, qu'importe ! Debout, il est debout ! triomphant et splendide ! Le secret des phrases délicieuses mourra avec lui. A Dieu seul, toute louange, toute gloire ! Des forces, Jésus, pour anéantir ces documents, ces vers, tout cet inutile fatras !...

Le feu ! Voici la flamme purificatrice. L'étincelle j'aillit dans le foyer sur les papiers entassés, arrachés des tiroirs. Et, aux dernières limites du souffle, Humilis regagne sa couche misérable. Maintenant, il peut mourir !......

X

APRES LA MORT D'HUMILIS

TROIS jours après, le lundi de Pâques, des voisins, inquiets de ne pas avoir vu Germain Nouveau aller à l'église pour les fêtes, avertirent le garde-champêtre qui força la fenêtre de la chambre. On trouva le corps inanimé d'Humilis dévoré par la vermine et les poux, sur son affreux grabat.

Les jambes du mort ramassées jusqu'à toucher sa poitrine attestaient de très dures souffrances; ses doigts raidis tenaient encore un crucifix de cuivre.

Autrefois le Poète avait songé joyeusement à la mort :

> Moi, l'enterrement que je rêve
> C'est un enterrement d'un sou,
> Je trouve ça chic, oui mon rêve
> C'est de pourrir comme une fève . . .

Il eut cet enterrement des pauvres : les prières

de l'Eglise accompagnèrent Humilis à la fosse commune, mais nulle croix ne fleurit sa tombe. Plus tard, grâce aux démarches de Mmes Marie-Louise Hart de Keating et Henriette Paulet, ses nièces, grâce aussi à l'affectueuse obligeance de son cousin Moutte, un caveau de famille reçut enfin sa dépouille.

Dès la nouvelle de cette mort, Ernest Delahaye, ignorant les dispositions testamentaires du défunt, se préoccupa de publier ses poèmes chez Messein.

Sans doute eut-on mieux fait de ne pas éditer ces fameuses « Valentines » que le pauvre Humilis croyait à tout jamais anéanties, mais elles servent, en quelque sorte, à comprendre son évolution religieuse si émouvante.

« *La Doctrine de l'Amour* » sous le titre « *Poésies d'Humilis* » obtint l'éloge unanime des lettrés et du monde catholique. Jamais, depuis vingt ans, les splendeurs chrétiennes n'avaient été célébrées par un poète avec de tels mots évocateurs. Les critiques littéraires les plus divers, et non des moindres, s'unissaient pour louer l'œuvre sublime du mendiant de Pourrières :

... « Humilis n'a écrit qu'une introduction poé-
« tique à la vie intérieure et à ce dépouillement pré-
« conisé par l'Evangile que son Art ne faisait qu'en-
« trevoir et qu'annoncer.

« Il est curieux de comparer sa destinée à celle
« d'Arthur Rimbaud qui fut son ami. L'un et
« l'autre, hantés également d'absolu, désertèrent la
« littérature; le monde réel, spirituel et matériel
« leur sembla préférable. Dieu se cachait en lui. Ils
« décidèrent de le rejoindre. Rimbaud put s'égarer
« par un chemin plus long. Nouveau prit le plus
« court. Ce sont de tels hommes qui jettent l'in-
« quiétude salutaire au cœur des jeunes gens. Grâce
« à eux, on voit qu'il y a une réalité par delà les
« nuées translumineuses de la poésie... » [1]

... « Germain Nouveau, un nom peu connu et
« cependant un grand nom. Les auteurs d'antho-
« logies de l'avenir et les futurs historiens de la
« littérature l'omettront sans doute. Tant pis pour
« eux et pour la postérité. Ce sera pour sûr une
« révoltante injustice. A nous de rendre hommage
« en passant à cet être singulier, à cet artiste hors
« de pair, jadis fonctionnaire comme Huysmans et
« Verlaine, compagnon des poètes les plus réputés
« du XIXme siècle finissant, poète lui-même, qui
« n'aura pas sa place à côté d'un Montesquiou,
« d'un Ephraïm Mikaël, d'un Mendès, parce qu'a-
« yant un jour, comme on dit, fui le siècle, il planta

---

(1) — Stanislas Fumet. Vie Catholique.

« là la gloire viagère et très vaine d'ici-bas pour s'en
« assurer ailleurs une autre infiniment plus eni-
« vrante et définitive... Bien plus que Verlaine, il
« déserta le Parnasse pour se blottir dans le retrait
« du Sanctuaire. Aux profondeurs du Tabernacle,
« il semble avoir puisé les célestes pensées et la
« tempétueuse inspiration d'une vaste symphonie
« d'Apocalypse ... [1]

... « Les poésies d'Humilis ont un accent fort
« personnel et atteignent une beauté généralement
« lumineuse. Elles émeuvent surtout, parce que
« l'âme en transpire. Et néanmoins, la sensibilité
« si vive du poète, que son intention a sacrifiée,
« reste entière, mais elle se purifie sur un plan su-
« périeur ... [2]

... « Ces poèmes ont une puissante unité et at-
« testent un dessein commun qui est de susciter en
« nous le sens et le besoin de la Vraie Vie, de la
« Vie, de la vie de l'âme. Qu'on ne croie pas cepen-
« dant que l'œuvre ainsi conçue, dominée par une
« préoccupation aussi constante, ne nous offre que
« de sévères beautés, de la dialectique oratoire
« d'apologiste ou les ordonnances monotones du

----

(1) — José Vincent. La Croix du 1er Décembre 1924.
(2) — Intransigeant sous la signature « Les Treize » —
25 décembre 1924.

« poème didactique. Il est toujours ardent, abon-
« dant en images, riche de sève, de verve,
« de puissance intérieure, et magnifiquement
« lyrique ... » [1]

Dans sa lettre pastorale du 25 février 1925, Son
Eminence le Cardinal Charost, après avoir indiqué
quelles devaient être la préparation et la loi consti-
tutive de la Famille, termine ainsi :

« Un poète moderne des plus délicats, qui s'est
« caché comme on faisait au Moyen-âge, sous le
« nom d'Humilis a bien exprimé cette noblesse cé-
« leste par laquelle Dieu, mis toujours en tiers
« avec eux, relève les plus humbles ménages :

> Mère qui d'une main délicate emplissez
>
> De feuilles et de fruits les faïences fleuries,
>
> Père au sourire plein de chaudes causeries,
>
> Servante qui tournez au bruit clair des sabots,
>
> Si vous êtes sereins, même avec des tombeaux,
>
> Si vous gardez entier l'amour de la famille
>
> Dont la laine encor moins que l'honneur vous habille,
>
> Si vous restez amis, quoi ! n'est-ce pas un peu

---

(1) — Raoul Narsy. Courrier de Genève, 24 Novembre 1924.
De nombreux articles ou études parurent sur Germain Nouveau on en trouvera le détail aux pages bibliographiques de
ce volume.

Parce qu'à tous vos soins, vous savez mêler Dieu,

Qu'il vous tient sous son aile et qu'il vous a plu d'être

Unis par Jésus-Christ et bénis par son prêtre ! .. (2)

D'ailleurs, par la discrète présentation d'Ernest Delahaye, quelques lueurs illuminaient la vie cachée et pénitente d'Humilis. Mais, à Pourrières, on ne cessait de colporter les histoires les plus fantastiques, les plus invraisemblables : le vieux La Guerrière était un halluciné, un hypocrite; vêtu d'une toile de sac, il venait chaque matin puiser de l'eau à la fontaine près la rue de la Baraque, et là, extravaguait, disait mille folies; puis, à voix haute, il « affirmait « *qu'il détestait les curés et n'avait pas* « *de plus grands ennemis que les prêtres* » — phrase répétée plusieurs fois par lui à l'ancien curé de Pourrières — grimaçait à l'église où il priait « toujours en des tenues inconvenantes » et ne s'adonnait à aucun travail.

J'interrogeai de nombreuses personnes; des contradictions flagrantes éveillèrent le doute dans mon esprit. A Draguignan où je visitai, à deux reprises, l'abbé Roubert, je découvris enfin la vérité : La haine des curés ? Les extravagances ? les grimaces à

<hr>

(2) — Alexis, Armand, Cardinal Charost, Archevêque de Rennes, Dol et St. Malo.

l'église, les discours incohérents ?... Tout cela n'avait jamais existé.

L'abbé Roubert me dit, en propres termes : « Comment voulez-vous qu'à Pourrières où un ou « deux hommes seulement font leurs Pâques, on « comprît cette existence sacrifiée, religieuse et si « humble ? »

Après m'avoir donné des détails très circonstanciés sur Humilis, l'excellent homme voulut bien me les confirmer, plus tard, par une lettre dont voici quelques passages :

... « Jamais Mr. Nouveau n'a fait de grimaces « à l'église. Modestement il se tenait au bas de « l'église, et en dernier lieu aux anciens fonts bap-« tismaux. Il a peut-être, au moment où il se cro-« yait seul, prié Notre Dame de Miséricorde, les « bras en croix; je ne vois pas quel mal il peut y « avoir dans ce geste, expression de sa vive con-« fiance en N. D. de Miséricorde. Jamais Mr. « Nouveau ne m'a dit le propos qu'on lui prête : « Je n'ai pas de plus grands ennemis que les prê-« tres »; je crois du reste qu'il était trop poli et « trop bien élevé pour m'adresser de tels pro-« pos... [1]

____

(1) Lettre de Mr. l'abbé Roubert. 1926.

Mr. l'abbé Roubert a toujours vu Germain Nouveau faire ses Pâques et assister à la messe le dimanche; « s'il ne communiait pas plus souvent c'était par délicatesse de conscience, » jusqu'en 1919, époque où le curé de Pourrières fut nommé aumônier du Carmel de Draguignan.

... « Non, écrit encore l'abbé Roubert, je n'ai « pas vu en Germain Nouveau un déséquilibré et « un hypocrite, mais un homme sincère dans ses « convictions et sa manière d'agir. Certainement « j'avais de la vénération pour cet homme instruit, « poète estimé qui, renonçant à toutes ses aises, à « un avenir de gloire, venait s'ensevelir dans un « village où il serait incompris, traité de fou et « d'halluciné. Je ne vous cacherai pas cependant « que cette existence de reclus me paraissait un peu « originale, mais peut-être, aux yeux de Dieu, elle « était plus méritoire. Du reste, qui sommes-nous « pour la juger ?... »

On allait jusqu'à dire qu'il n'existait pas une image de piété chez Humilis, pas un livre, pas une note, qu'il vivait, en somme, tel un paresseux et un révolté. J'interrogeai alors sa voisine immédiate :

— Qu'en pensez-vous, Madame Bresson, on dit que Nouveau vivait comme un païen ?

Elle me regarda, troublée, et répondit :

« — Oh ! Monsieur, on ne voyait que le Crucifix en entrant chez lui ! »

D'ailleurs lorsque je pénétrai dans cette misérable chambre où mourut l'ascète de Pourrières, un crucifix de cuivre dominait encore l'affreux grabat, et, sur les murs, des invocations, des passages des psaumes écrits au fusain, dénotaient bien l'état d'esprit de l'homme qui avait vécu là. De plus, à l'hôpital de Pourrières, qui hérita de tout ce que contenait la maison d'Humilis, sœur St. Philémon m'a donné de nombreux souvenirs : le crucifix trouvé sur le défunt, des médailles, des croix. J'ai retrouvé quantité de livres, de notes épargnées par le feu; l'Imitation de Jésus-Christ, l'Evangile, la Bible, l'Illiade, l'Odyssée, un traité d'Ascétisme, les Psaumes, un paroissien romain, la Vie des Saints, la Vie des Pères du Désert, etc. Quelques-uns de ces livres sont précieux par les notes des marges et des feuilles de garde qu'ils contiennent.

J'ai donné à mon cher ami Ernest Delahaye quelques uns de ces modestes souvenirs; je garde précieusement une médaille de la Vierge, et le petit crucifix de cuivre qui reçut les derniers regards d'Humilis ...

Mais j'irai plus loin, malgré tous ces témoignages irrécusables, je dirai comme les habitants de Pour-

rières : « Germain Nouveau était fou »; et je lais-
serai le soin d'expliquer cette étrange folie à Mgr.
Guillibert, évêque de Fréjus, qui m'écrivait cette
magnifique lettre, le 8 Mai 1926, c'est-à-dire quelques jours avant de mourir en tournée pastorale :

... « Votre projet de publier la vie que vous
« êtes en train d'écrire de Germain Nouveau, le
« mendiant-poète, est inspiré par un sentiment émi-
« nemment chrétien. Huysmans aussi a eu des an-
« nées de jeunesse plus que frivoles. Rien n'est
« beau comme le repentir chrétien qu'en la per-
« sonne de Ste Madeleine, le Christ Dieu sauveur
« a mis au même rang que l'innocence conservée.
« Germain Nouveau a été exubérant, excentrique
« même dans sa vie pénitente, et volontairement
« extraordinaire. Mais St. François d'Assise et les
« antiques ermites des déserts, et avant, notre St.
« Benoît Labre et notre Charles de Foucauld, ne
« nous montrent-ils pas que, sous ces apparentes
« exagérations qui écrasent tout reste d'orgueil, se
« révèle le sincère effort de mourir à tout pour ne
« plus vivre que de Jésus-Christ? C'est *la Folie*
« *de la Croix*, le mot est de St. Paul, lui-même...
« Quand on a écrit les splendides odes poétiques
« comme celles dont vous me lisiez dernièrement
« quelques strophes exquises, on peut se permettre

« de fouler aux pieds les règles courantes du savoir-
« vivre, afin de savourer jusqu'au bout le calice
« mystique des humiliations rédemptrices ... »

On ne saurait mieux résumer une telle vie. Mais
j'aime l'appréciation de cette bonne femme de
Pourrières à qui je demandai : « Enfin, comment
était-il Germain Nouveau ? » et qui me répondit
avec son accent du terroir : « Ah ! Monsieur, il
était surtout *brave !* » Ce « brave » provençal signi-
fiant toute droiture et toute bonté.

Aussi on ne peut que souhaiter de dire, un jour,
de ce grand Poète ce qu'il écrivait de St. Benoit
Labre, dans ce merveilleux éloge de l'Humilité :

> « Ah ! quand le Juste est mort, tout change;
>   Rome au Saint mur pend son haillon,
>   Et Dieu veut par des mains d'archange
>   Vêtir son corps d'un grand rayon . . .
>   Le soleil le prend sous son aile,
>   La lune rit dans sa prunelle,
>   La grâce comme une eau ruisselle
>   Sur son buste et ses bras nerveux;
>   Et le saint, dans l'apothéose
>   Du ciel ouvert comme une rose,
>   Plane et montre à l'Enfer morose
>   Des étoiles dans ses cheveux.

. . . .

Humilité ! loi naturelle,
Parfum du fort, fleur du petit !
Antée a mis sa force en elle,
C'est sur elle que l'on bâtit
Seule, elle rit dans les alarmes.
Celui qui ne prend pas ses armes,
Celui qui ne voit pas ses charmes
A la clarté de Jésus-Christ,
Celui-là, sur le fleuve avide
Des ans profonds que Dieu dévide,
Aura fui comme un feuillet vide
Où le destin n'a rien écrit. »

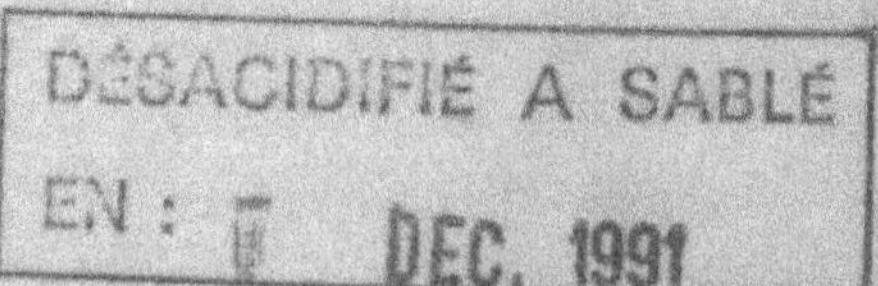

Impr. "Les Presses Gruuthuuse" rue Gruuthuuse 2, Bruges (Belgique).

www.ingramcontent.com/pod-product-compliance
Lightning Source LLC
LaVergne TN
LVHW052012060726
842528LV00002B/486